逆境经营

"獭祭"成功的秘密：深山小厂如何走向世界

[日]樱井博志 著　魏海波 罗齐慧 译

上海远东出版社

图书在版编目(CIP)数据

逆境经营:"獭祭"成功的秘密:深山小厂如何走向世界/(日)樱井博志著;魏海波,罗齐慧译. —上海:上海远东出版社,2019
(走进日本)
ISBN 978-7-5476-1491-4

Ⅰ.①逆… Ⅱ.①樱…②魏…③罗… Ⅲ.①企业管理—经验—日本 Ⅳ.①F279.313.3

中国版本图书馆CIP数据核字(2019)第110370号
图字:09-2019-237号

Gyakkyo Keiei: Yamaoku no Jizake 'Dassai' wo Sekai ni Todokeru GyakutenHassouhou
by Hiroshi Sakurai
Copyright © 2014 Hiroshi Sakurai
Simplified Chinese translation copyright © 2019 by Shanghai Far East Publishers
All rights reserved.
Original Japanese language edition published by Diamond,Inc.
Simplified Chinese translation rights arranged with Diamond,Inc.
through CREEK & RIVER Co. , Ltd.

本书中文简体字版由Diamond,Inc.授权上海远东出版社独家出版。未经出版者许可,本书任何部分不得以任何方式复制或抄袭。

策　　划	曹　　建
责任编辑	祁东城
特约编辑	纪　　颂
装帧设计	李　　廉

逆境经营
——"獭祭"成功的秘密:深山小厂如何走向世界

【日】樱井博志　著
魏海波　罗齐慧　译

出　　版	上海遠東出版社
	(200235　中国上海市钦州南路81号)
发　　行	上海人民出版社发行中心
印　　刷	上海信老印刷厂
开　　本	890×1240　1/32
印　　张	5.375
字　　数	115,000
版　　次	2019年8月第1版
印　　次	2019年8月第1次印刷
ISBN 978-7-5476-1491-4/F·640
定　　价	38.00元

"走进日本"丛书编委会

主　　编　雪晓通
执行主编　魏海波
编　　委　彭　宪　杨本明　马利中
　　　　　陈祖恩　常　庆　章小弘
　　　　　邓　明　李玉红　胡玉华

总序

关注日本,研究日本
卢明明

打开世界地图,在中国的东北方向有个由一连串大小迥异的岛屿构成的国家,它就是我们两千余载的近邻,又曾是我们一百来年的宿敌。

一、中国如何看日本

曾经饶有兴致地上网搜索古今中外要人对日本的评价,赫然呈现如下信息:

中国清朝康熙皇帝曰:"倭子国,最是反复无常之国。其人,甚卑贱,不知世上有恩谊,只一味慑于武威……"

法国孟德斯鸠云:"日本人的性格是非常变态的。在欧洲人看来,日本是一个血腥变态、嗜杀成性的民族。日本人顽固不化、任性作为、刚愎自用、愚昧无知,对上级奴颜婢膝,对下级凶狠残暴。日本人动不动就杀人，动不动就自杀。不把自己的生命放在心上，更不把别人的生命放在心上。所以，日本充满了混乱和仇杀。"

戴高乐总统谓："日本，这是一个阴险与狡诈的残忍民族，这个民族非常势利，其疯狂嗜血程度类似于欧洲中世纪的吸血鬼德库拉，你一旦被他看到弱点，喉管立即会被它咬破，毫无生还可能。"

美国富兰克林·罗斯福总统称："日本人是有史以来我见过的最卑鄙、最无耻的民族。"

巨富约翰·D·洛克菲勒说："日本人除了复制别国科技外一事无成，它何曾独立为世界文明作过贡献，充其量只是个工匠型的二流民族而已。"

据日本《朝日新闻》2016年5月3日报道，公益财团法人的新闻通信调查会"于近日"对外公布其在美国、中国、韩国、英国、法国及泰国共六个国家所实施的"有关日本媒体舆论调查"，结果显示，中国受访者对日本的负面和正面看法分别为90%和5%。

每逢"九一八""七七"等中国的国耻日、纪念日，以及中日两国因钓鱼岛问题勾起纠纷时，大批中国民众就会异常激愤地在网上对日本口诛笔伐。

不言而喻，中国人民在19世纪末至20世纪中期遭受并抵御日本侵略的战争中备受戕害。战争结束后，中日两国在20世纪70年代恢复邦交，并曾一度建立起相当密切的交往合作关系。遗憾的是，两国关系近年来发生逆转，持续低迷。

总　序

　　从我们的历史记忆和现实视野中,对于这个国土窄小但颇具能量的国家,似应注意到这样两个侧面:

　　一面,因为与清、俄两回格斗,自战胜而狂,悍然撕咬亚洲各国,并在整个世界恣肆掀起腥风血雨,四邻与之结成深仇大恨。

　　还有一面,虽因吞虎吞象一朝摧折,却缘战败而强,决然革新体制结构,激励全体国民迅捷复兴社会经济,一跃而为经济强国。

　　对于日本这个长久的近邻和曾经的宿敌,我们理应格外关注和深入研究。值得注意的是,日本绝不是能用唾沫淹之的"蕞尔小国"。

　　知己知彼不仅是战场、商场争斗的必要条件,也是人际、国际交往的基本前提。事实上,迄今为止,我们对这个国家的认知似可以一言蔽之:眼中茫然,梦里依稀。

　　众所周知,中国知有日本乃始于《山海经》。以后历代正史大多设有日本传记,至明清,叙述稍详。但所有这些著录都不免停滞在浅表层面。恰如陈舜臣先生所言:"过去中国人了解日本,主要是从旅行者、九州古代政权的使者那里听来的。不论是关于理论,还是关于现实,都是很遥远、很朴素的传闻。"

　　直至近现代,自黄遵宪的《日本国志》、戴季陶的《日本论》、王芸生的《六十年来中国与日本》、蒋百里的《日本人:一个外国人的研究》等寥若晨星的专著问世,才开始改变对日本"知其一不知其二,见其外不识其内"的粗略认知。

　　作为戊戌变法重要参与者的黄遵宪,堪称高度关注、系统研究日本的中华第一人。在他就任驻日参赞官期间,亲见明治维新通过一系列制度改革而使日本富强的事实,"乃信其改从西法,革故取新,卓然能自树立"。因此,黄遵宪花费八九年时间,精心编写了以介绍制度为主的《日本国志》,以"质之当世士夫之留心时务者",纠正国人对日本的模糊观感。

他所写的《日本国志》共40卷、50余万字,分《国统》《邻交》《天文》《地理》《职官》《食货》《兵》《刑法》《学术》《礼俗》《物产》《工艺》共十二志。书中对明治维新相关内容记述颇详。全书除《国统》《职官》《邻交》《学术》等志略述古代内容外,其余全部记载明治维新历史。书中以"外史氏曰"的方式来阐述他本人对这场变革的研判,且推及中国。

但因清廷高层颟顸,黄遵宪《日本国志》一书出版竟搁置十年之久,迨至甲午战败才得以问世。梁启超因之甚为痛惜,倘《日本国志》能及时出版,就不至"令中国人寡知日本,不鉴,不备,不患,不悚,以至今日也"。

此书甫一出版,洛阳纸贵,广受热捧,在戊戌变法时期对光绪皇帝及朝野维新人士影响甚巨,一时间引发了学习强敌日本的思潮。不少人甚至倡言聘用日本人伊藤博文担任朝廷改革顾问,贵州举人傅夔干脆奏请"留伊藤为相,以行新政"。

后来,尽管发生戊戌政变,以慈禧太后为核心的清朝统治集团对于明治维新的兴致却未衰减。1905年,为缓解统治危机,清廷想效仿君主立宪,派出两个高级代表团,分别前往日本和欧美等国考察政治。立宪派重要代表、镇国公爱新觉罗·载泽乃率团亲赴日本考察立宪制度。直到清朝解体,这波高潮才渐消退。

十几年后,留学、旅居日本多年的戴季陶鉴于"中国人对于日本,总抱着一个'我们是文化的先进国'的历史心理","对于日本的社会,观察错误和判断错误,是很普遍的",他警醒国人:"你们试跑到日本书店里去看,日本所做关于中国的书籍有多少?哲学、文学、艺术、政治、经济、社会、地理、历史各种方面,分门别类的,有几千种。每一个月杂志上所登载讲'中国问题'的文章,有几百篇。参谋本部、陆军省、海军军令部、海军省、农商务省、外务省,各团体、各公司,派来中国长驻调查或是旅行视察的人员,每年有几千个。单是近年出版的中国丛书,每册在五百页以上,每部在十册以上的,总有好几种;一千页以上的大著,也有百余卷。'中国'这个题目,日本人也不晓得放在解剖台上解剖了几千百次,装在试验管里化验了几千百次。"他认为,"实在日本这一个民族,他的自信心和向上心,都算是十分可敬"。并且嗟呼:"我们中国人却只是一味地排斥反对,再不肯做研究工夫。"戴季陶为此奋笔撰成《日本论》,从宏观角度揭示日本的文化传统与社会性格,并从具体的神学理论、军政首脑个性、外交关系事件等微观角度剖析。

1937年8月,民国时期著名军事学家蒋百里撰写了《日本人:一个外国人的研究》,严厉批判日本民族是"一个原来缺少内省能力、缺少临时应用能力的急性的民族","原是崇拜外国人的"。但也认可其"很能研究外国情形。有许多秘密的知识,比外国人自己还丰富"。最后引用一位德国长者的告诫"胜也罢,败也罢,就是不要同他讲和"。

由此以降,斗转星移,相似成果,不复见矣。

近年来,虽有学者文人撰写若干介绍、研究日本的著述,但仍显管窥蠡测之陋、凤毛麟角之稀。

二、其他国家如何看日本

至今,对日本研究最为透彻的国家当首推美国。其中有两位专家影响最大,即露丝·本尼迪克特和埃德温·赖肖尔。

第二次世界大战临近尾声时,为制定对日最后决策,美国政府动员各方专家研究日本,提供资料和意见,其中就包括人类学家本尼迪克特。她根据文化类型理论,运用文化人类学方法,把战时拘禁在美国的日本人作为调查对象,同时大量参阅书刊和日本的文学、电影,完成报告。其结论是:日本政府会投降;美国不能直接统治日本;要保存并利用日本原有行政机构。1946年,她将自己的研究成果整理出版,取名《菊与刀》,向世界全方位介绍日本的历史、文化、民俗、宗教和制度,旨在"为了对付敌人的行动,我们必须要理解敌人的行为","我们必须努力弄清日本人思想、感情的脉络,以及纵贯这些脉络之中的特点和规律,了解他们在思维和行动的背后所隐藏的强制力"。

接着,长期批评美国政府对亚洲文化,特别是对日本文化陷于无知泥淖的学者赖肖尔连续发表学术著作,并不时举办教育讲座,以促进美国对日本文化的了解。后来,约翰·肯尼迪总统任命他为驻日大使。赖氏在任期内获得巨大成功,有效增进了美日两国的关系。

赖肖尔在这方面的研究成果有同费正清合著的《东亚:伟大的传统》(1960年),以及《日本:一个民族的故事》(1970年)、《日本人》(1977年)和《1907—1982年的日本社会》(1982年)等。

在这些研究者眼中,日本人和日本文化具有相当的独特性。

一方面,"日本人围绕着禅宗形成了一整套系统的审美观点,这些思想观念成为日本文化的永恒因素。日本人认为纤细、简单、自然乃至奇形怪状,比庞大、壮观、造作和整齐划一珍贵"。另一方面,"日本人生性极其好斗而又非常温和,黩武而又爱美,倨傲自负而又彬彬有礼,顽梗不化而又柔弱善变,驯服而又不愿受人摆布,忠贞而又易于叛变,勇敢而又怯懦,保守而又十分欢迎新的生活方式。他们十分介意别人对自己的行为的观感,但当别人对其劣迹毫无所知时,又会被罪恶所征服。他们的军队受到彻底的训练,却又具有反抗性"。

具体而言,表现在这样几个方面。

1. 文化素质方面

(1) 善于学习

"他们保留了自己的文化特性,而且还显示出他们确实是一个具有非凡创造能力的民族";"一贯重视非物质资源";"善于吸取别国的先进技术和文化"。

(2) 崇尚教育

日本人从一开始就非常重视基础教育,从而确立了牢固的民族国家和高等教育的基础,"是世界上受到最优秀教育的民族,任何国家都无法与之相提并论"。

(3) 遵从集体

日本人具有酷爱成群结队的天性,"集团主义是日本民族的性格特征"。"建立了对于小团体和整个国家都是非常珍贵的团结。

日本企业的成功,极为依赖这种团结。而集体意识是日本民族力量的核心"。

为了使团体制度成功地运转,日本人认为应该明智地避免公开对抗。为了避免冲突并维护集体的团结,日本人广泛运用中间调停的办法,"尽量减少直接竞争的做法,贯穿于日本人的全部生活"。所以他们不喜欢打官司,宁愿接受仲裁和妥协,"诉诸法庭是走投无路的办法"。

（4）重视等级

日本人认为等级制度是天经地义的,身份地位举足轻重,但是阶级意识和实际的阶级差别极其单薄和微弱。他们对等级制的信赖是基于对个人与他人以及个人与国家之间的关系所持的整体观念。但是他们并非无条件地承认等级制的优越,习惯运用一些明确的手段以调节制度,使之不致破坏公认的常规。

在家庭以及人际关系中,年龄、辈分、性别、阶级决定着适当的行为。在政治、宗教、军队、产业等各个领域中,都有十分周到的等级划分,无论是上层还是下层,一逾越其特权范围,必将招致惩罚,充分体现了"各得其所,各安其分"的信条。

同样,日本人在看待国际关系的全部问题时也都带着等级制的观念。

（5）讲求修养

日本的教养要求任何动作都要文静,每一句言辞都要符合礼貌。自我修养的概念大致可分为两类:一类是培养能力;另一类则不仅培养能力,而且要求更高,通常称之为"圆熟"。它是指在意志与行动之间"毫无障碍,纤发悉除"的体验。它不仅使人们能够最有效地应付任何局面,用力不多不少,恰如其分,也能使人控制恣意妄为的自我,不躁不乱,无论遇到外来的人身危险或内心的激动,都不会失去镇定。

在日本,要在家里学习礼仪并细致地观察礼仪。母亲背着婴儿时就应当用手摁下婴儿的头,教其懂礼节。幼儿摇摇晃晃会走时,要学的第一课就是学习尊敬父兄。妻子要给丈夫鞠躬,子女要给父亲鞠躬,弟弟要给哥哥鞠躬。女孩子则不论年龄大小,要向哥哥和弟弟鞠躬。

（6）通达应变

"日本人已经证明自己是一个生机勃勃、充满活力、能适应快速的有目的变化的民族",对于变化着的外部局势的反应极其敏锐,能迅疾判断形势,把握时机,迎接挑战。"一旦他们选择了一条路就会全力以赴,如果失败了,就顺理成章地选择另一条路",他们认为采取了某个行动方针却未能实现目标,就会把它当作失败的主张加以抛弃。

2. 道德素质方面

日本人的人生观表现在他们的"忠、孝、情义、仁、人情"等德行规定之中。他们认为,"人的义务的整体"像在地图上划分势力范围一样分成若干领域。用他们的话来说,人生是由"忠的世界""孝的世界""情义的世界""仁的世界""人情的世界"及其他许多"世界"组成的。

（1）忠君守法

日本人"忠"的对象转向具体的人,并且特指天皇本人。从丧葬到纳税,税吏、警察、地方征兵官员都是臣民尽忠的中介。

9

当1945年8月14日日本投降时,日本人的"忠"在全世界显示。在天皇尚未宣布投降之前,反对者们围住皇宫,试图阻止停战诏书的宣布。但停战诏书一旦宣布,他们就全都服从了。

(2)行孝敬祖

日本的"孝道"只是局限于家庭内部,充其量只包括父亲、祖父,以及伯父、伯祖父及其后裔,其含义就是在这个集团中,每个人应当确定与自己的辈分、性别、年龄相适应的地位。孝道是必须履行的义务,甚至包括宽待父母的恶行或失德。

其祖先崇拜只限于记忆中的祖先。祖先墓碑上的文字,每年都要见新,若是已无记忆的祖先,其墓碑就无人过问,家里佛龛上也没有他们的灵位。他们注重的是现时现地。

(3)重义推诚

"在日本,'义'是靠承认一个人在互欠恩情这张巨网中的适当地位来维持的,这张网既包括其祖先,也包括其同代人。"

日本人对老师、主人负有特殊之恩。他们都是帮助自己成长起来的人,对自己有恩,将来也可能在他们有困难时要答应他们的请求,或对他们身后的亲属给予特别照顾。人们必须不遗余力地履行这种义务,而且这种恩情并不随着时间弥久而减轻,甚至时间越久,恩情越重,形成一种"利息"。所以日本人不喜欢随便受恩而背上人情债。

在日本,自尊心则是与报答施恩者联系在一起的,把不能报恩的人视为"人格破产"。

在道德方面强调"诚","是指热诚地遵循日本道德律和日本精神所指示的人生道路"。"诚"这个词经常用来赞扬不追逐私利的人,也经常被用来颂扬不感情用事。

(4) 知耻自律

日本人把羞耻感纳入道德体系。不遵守明确规定的各种善行标志,不能平衡各种义务或者不能预见偶然性的失误,都是耻辱。他们认为,知耻为德行之本。任何人都应注意社会对自己行动的评价。他们须推测别人会作出何种判断,并针对别人的判断来调整行为,其"共同特点是以操行毫无缺陷而自傲"。

他们热衷于自律和磨炼毅力,"没有任何民族比日本人更重视自律"。日本人说"自重",意思是自我慎重,自重常常意味着克制。

再有,面对无法完成的复仇目标,他们往往会倾向于毁灭自己,以"保证尊严和荣誉不被践踏"。

(5) 适情享乐

他们追求享乐,尊重享乐,但享乐又必须恰如其分,不能侵入"人生重大事务",不能把享乐当作严肃的生活方式而纵情沉溺。他们把属于妻子的范围和属于享乐的范围划得泾渭分明,两个范围都很公开、坦率。

3. 心理素质方面

(1) 感情深沉

他们尽可能地掩藏自己的感情,无论喜怒哀乐,都尽量对人笑脸相迎。

(2) 坚韧不拔

日本人既有一种宿命论的思想,承认自然界可怕的威慑力量,也有一种坚强的毅力,在灾难发生后重振旗鼓、发愤图强。一个由自制自律而又意志坚强的个人组成的社会能产生一种动力。据此可以解释这个民族所展现出的奋斗精神和雄心壮志。

（3）冒险挑战

他们崇尚武力,热情洋溢,激动好斗,骨子里带有天然的侵略性。

（4）谨小慎微

日本文化反复向心灵深处灌输谨小慎微,轻易不结交新朋友。但一旦成为朋友,友谊也能牢固地保持下去。

他们的精神高度紧张,唯恐失败,唯恐自己付出巨大牺牲后从事的工作仍不免遭人轻视。有时会爆发积愤,表现为极端的攻击行动。

4. 劳动素质方面

他们勤奋工作,能充分地利用每一平方英尺的可耕地,绝不浪费一点点土地。

5. 身体素质方面

他们很重视锻炼,其传统包括最严酷的冷水浴。这种习惯往往被称作"寒稽古"（冬练）或称"水垢离"（冷水洗身锻炼）。

至20世纪80年代,日本已成为世界上平均寿命最长的国家。

总而言之,日本民族实在是个具有诸多长处的民族。

三、研究、学习和超越

大多数人也许并不知道,在戊戌变法期间和辛亥革命前后,日本政要及民间人士曾经大力救助过维新派与革命派志士！

1898年9月21日，慈禧太后重新"临朝训政"，立即下令逮捕康氏兄弟等维新派官员。梁启超前往日本使馆请求避难。日本公使林权助请示伊藤首相，伊藤指示："那么就救他吧！救他逃往日本，如至日本，由我来照顾他。梁这位青年，对中国来说，实在是宝贵的人物。"林于是将梁秘密送往日本。不久，康有为、黄遵宪等亦在伊藤等人帮助下，先后到日本避难。之后，伊藤还应英国公使要求，亲往李鸿章宅邸，为已经被捕的维新派官员张荫桓求情。

孙中山在日本期间，也多次受到日本方面援助。1913年8月，孙中山等革命党避难日本，袁世凯曾向日本方面提出过驱逐孙的要求，却遭婉拒。正是在日本政府着意庇护之下，孙才得以同日本各大财团、民间人士、大陆浪人组织，以及军部、参谋本部人士进行广泛联络，以筹措资金、组织人员、整合力量。于是乎，日本一度成了"中土"革命派培养、酝酿革命力量的温床和基地。

审视日本近一个半世纪来的发展历程，不能不认识到，正是明治维新为这个国家走向近代化和现代化、自立于世界奠定了厚实的路基，提供了巨大的动能，并造就了优异的禀赋。

从这场改变日本国运的改革浪潮中，我们发现这个国家拥有的宝贵素质。

第一，奋迅灵动的学习素质。

正如赖肖尔所言，日本人"对于中国，对于其他民族，从未丧失过研究的兴趣，也从未停滞过研究、思索的步伐。他们的做法是：研究、学习，然后超越"。他们尊奉"不耻效人，不轻舍己"的学习观，既勤于模仿别人，又善于在学习、吸收外国文化的同时仍保持自己的文化个性，亦即"能合欧化汉学熔铸而成日本之特色"。

戴季陶指出,日本明治维新的建设"并不是靠日本人的智识能力去充实起来,而是靠客卿充实起来的。军队是德国人替他练的,军制是德国人替他定的。一切法律制度,在最初一个时代,差不多是法国的波阿索那德顾问替他一手造起的。然而指挥、统制、选择、运用,都是在日本人自己"。

相反,几乎在同一国际背景下,而且先于日本启动的、以学习和引进西方长技为中心内容的大清洋务运动,则继承了中国历代大一统专制王朝枯僵的文化、政治基因,"畏天命,畏大人,畏圣人之言","法先王","遵守祖宗旧制",束缚于"中学为体,西学为用"的桎梏中,"一切政教风俗皆不敢言变更"。李鸿章等重臣偏狭肤浅地以为,"中国文武制度,事事远出西人之上,独火器万不能及。……中国欲自强,则莫如学习外国利器,欲学习外国利器,则莫如觅制器之器,师其法而不必尽用其人"。倒是通商大臣张树声看得比较透彻,他认为西方国家"育才于学堂,论政于议院,君民一体,上下同心,务实而戒虚,谋定而后动,此其体也。轮船火炮,洋枪水雷,铁路电线,此其用也。中国遗其体而求其用,无论竭蹶步趋,常不相及。就令铁舰成行,铁路四达,果足恃欤"。

光从西方引入"战舰之精""机器之利"等细枝末节,忙活了三十来年的"同光新政",终于免不了"掘井九仞而不及泉,犹为弃井也"的结局。

第二,通达务实的体制素质。

胡汉民在为戴氏《日本论》所写的序中曾这样评议:"日本之一大飞跃,只是指导者策划得宜,地球上任何邦国,没有像日本指导员和民众两者间智力教育、思想、伎俩悬隔之大的,而能使治者与被治者之间无何等嫉视,不缺乏同情,就是指导者策划实施一切得宜,他们遂能成就此之当世任何大政治家毫无逊色的大事业。"

明治时期建立了国会。从那时起,日本政府就已形成了"由集团而非个人进行领导的优秀传统","从来没有出现过独裁者,也从来没有人企图攫取这种权力","对独裁权力乃至领袖权威的反感和对群体合作的强烈偏爱,构成了日本政治遗产的特征"。领导人"总是组成一个集体,轮流负责各种行政事务","日本人不是在高层由个人决策,而是同部属进行广泛的非正式协商,产生一致意见","他们也明白,国家不能只局限于政府少数人的专制"。吉田茂高度赞赏"明治时期的领导者们,以天皇为中心,从自己强烈的责任感出发保存了决定权,尤其关心如何来吸取国民的活力并且怎样加以运用"。

1868年,明治天皇颁布了"五条誓文":"一、广兴会议,万机决于公论;二、上下一心,盛行经纶;三、文武一途以至庶民,各遂其志,人心不倦;四、破旧有之陋习,基于天地之公道;五、求知于世界,大振皇基。"由此明确宣示了整个国家管理的准则。

回看居傲鲜腆的中国专制政权,其任何关键决策,必须恭请圣谕、圣旨,惟蛰居深宫大院的最高统治者马首是瞻。这种决策体制的荒唐在于:因"天泽极严,君臣远隔","自内而公卿台谏,外而督抚,数百十人以外,不能递折",故"虽有四万万人实数十资格老人支柱掩塞之而已"。身处控制中心的最高决策者凭借这样的信息通道,根本无法及时、准确地了解国家真情实况,以致"民之所欲,上未必知之而与之也;民之所恶,上未必察之而勿之施也"。企盼

"英明"决策,无异缘木求鱼!而且,因群臣百姓不敢"妄议朝政",在决策实施过程中,对目标的偏离,不仅得不到迅速纠正,而且反而会不断加强,直至出现重大失误,才有可能被最高决策者感知。随之作出剧烈反应,于是引起社会振荡。

如赖肖尔所见,日本人从过去遗产中得到的"重要的政治财富,是政府具备伦理道德基础的强烈意识"。

应当承认,日本统治集团的抱负从不拘囿于政权利益,而是始终放眼于民族利益和国家利益。他们的战略目标是"看见必定要造成新的生命,然后旧的生命才可以继续;必定要能够接受世界的新文明,才能够在新世界中求生存。在国内的政治上,他们更看得见一代的革命必定要完全为民众的幸福着力,必定要普遍地解放民众,才可以创出新的国家",旨在创造"为'人民的生活,社会的生存,国民的生计,群众的生命'而努力的历史"。

不仅如此,这种统治理念和施政行为已被广大国民所理解和接受,从而实现"上下同欲"。也正因如此,在一百多年中,无论经济、政治或军事如何跌宕起伏,整个国家总能体现"上下一心"、全力以赴。

反观顾盼自雄的大清,其所有重大举措从来罔顾民族、民生休戚,始终只为大清专制统治。

在甲午战争中,清廷一方面通过加征税赋维持军费,另一方面却不惜动用国库,耗费巨额银两为慈禧太后修园祝寿。可是参战清军治疗伤病的费用和营养费则要个人承担,战地医疗无法保障。专制政权这种视百姓为草芥,长期奉行的愚民、殃民政策,怎么可能获取战场对决的胜券?

第三,睿智忠谨的精英素质。

首先是政治精英。据戴季陶考察,日本的改革"并不是由大多数农民或者工商业者的思想行动而起,完全是由武士一个阶级发动出来的事业。开国进取的思想固不用说,就是'民权'主义,也是由武士这一个阶级里面鼓吹出来的"。

明治时期,一大批年轻的政治家、军事家和实业家得以进入政府决策集团。当16岁的睦仁登基时,"明治三杰"木户孝允、大久保利通、西乡隆盛的年龄分别为35岁、38岁、41岁,这四位核心人物的平均年龄仅为32.5岁。其余骨干人物,如板垣退助、三条实美、岩仓具视、井上馨、山县有朋、大隈重信、大村益次郎、伊藤博文和陆奥宗光等,合计平均年龄为32.6岁。可以毫不夸张地称,整个国家的领导是个"青年团"!联系古今中外列国历代改革案例,统治集团的年轻化乃是不可或缺的成功条件。

道理很浅显。社会改革说到底是思维方式与行动方式的更新。虽说年龄层次较低者难免在经验上有缺陷,但其感觉、知觉相对敏锐,富于想象和创新,思维和行动能力强盛。在社会发生巨大变动、传统经验价值明显衰减的条件下,与年龄层次较高者相比,他们更能适应社会运动的快速节奏。所以,在一切改革或革命中,成为运动主力和核心完全顺理成章。

明治政治精英"细心地在政治方面划清国家职能的领域,并在宗教方面划清国家神道的领域。他们把其他领域留给国民去自由行事。但是,那些他们认为直接同国家事务有关的统治权,作为新的等级制度的最高官员,他们是牢牢掌握在自己手中的","在每一个活动领域中,无论是政治的,抑或是宗教的、经济的领域,明治政治家们都在国家和人民之间定下了各自所属的'适当位置'的义务"。而日本官僚群体的忠谨、效率和诚实精神则充分保障了国家机器平稳、高速地运转。

其次是知识精英。吉田茂特别指出"改革的顺利推进,不仅仅依靠完成明治维新的领导者们,还有一部分人也发挥了重要的作用,他们就是其后出现的知识分子"。这些知识分子生活在德川时代末期,曾在幕府翻译部门担任职务或者在各藩研究西方情况。他们没有参加过明治维新的工作,但是,他们当中有像福泽谕吉那样从事近代化人才培养的事业,也有像大隈重信那样担任着官职,还有些像涩泽荣一样进入了产业界。他们虽然从事着不同的工作,但是他们有着一致的主张,那就是大胆引进西方的技术和学习西方制度。

对比大清,在政治精英和知识精英中能"放眼看世界"者凤毛麟角,像伊藤博文那样有治理行动力、福泽谕吉那样有思想辐射力的人几乎没有。即便有,也难成气候。

再次是实业精英。赖肖尔十分感慨,"许多发展中国家面临着日本曾经经历过的危机和灾难,但它们的领导人却以牺牲国民的利益为代价,在国外积累了大量的个人财富。但是从来没有一个日本人这样干过。无论是合法获得的,还是非法掠取的利润,都没有被隐藏到国外安全的地方,也没有挥霍在摆阔气的浪费中。这些金钱被重新投资于日本或其他地区的有益的民族事业中"。

相比之下,我们却不能不痛惜地反思,与大和民族奔逸绝尘的前进步伐背道而驰的是,中华民族自元朝以来七百多年间,由于几代统治者野蛮执政所铸就的严酷体制,导致了中国精英及整个民族素质的急剧退化、变异。人们常说"宋亡之后无中国,明亡之后无华夏",其源盖出于此!

进入21世纪,人类世界在日趋激烈的全面竞争中疾速发展。中国要复兴和驰骋,就必须像日本那样敢于、善于向对手和敌人学习、借鉴,彻底改良和提升体制和国民素质。

现在,一批20世纪80年代去日本留学的有识之士正在为我们全面了解、深入研究日本这个近邻而系统地选择一批反映日本社会、经济、文化的书籍,编成"走进日本"丛书。出版有关日本政治、经济、文化、科技等译著,这正是我们民族亟须重视的有关宏旨、无羞亟问的当紧事业。

戴季陶先生八十多年前留言:"要切切实实地下一个研究日本的工夫。他们的性格怎么样?他们的思想怎么样?他们风俗习惯怎么样?他们国家和社会的基础在哪里?他们生活根据在哪里?都要切实做过研究的工夫。要晓得他的过去如何,方才晓得他的现在是从哪里来的。晓得他现在的真相,方才能够推测他将来的趋向是怎样的。……总而言之,非晓得他不可。"

而今这一期盼终于得到了强实践行,这是善举,也是盛举,更是壮举。我们拭目以待!

前　言

非常冒昧地问一下,知道"獭祭"这个酒的名字吗?

最近非常意外的是,竟然有很多人回答我:"是 dassai 吧。"

由我担任社长的旭酒造是位于山口县深山里的一座酒厂。我们是个小酒厂,现如今提起旭酒造,大家应该对我们的"獭祭"品牌更加了解。

我们的"獭祭"酒没在电视上做过广告,我们跟大家经常光顾的经营酒的量贩店和便利店基本没有来往。只有东京的料理店和小酒馆里喝我们酒的人数在增加,加之酒的品牌名的汉字又很难读(是从我们酒厂所在地獭越这个地名得到的启发),所以我根本没想到大家会知道读"dassai"。

2013 年"獭祭"的上市量达到了 1 万 1 400 石,在全国纯米大吟酿上市量中占据第一位。托大家的福,现在上市量还在继续增加。

我们的酒只有"獭祭"这一个品牌。

我们要把"唯一的一个"一点点地、踏踏实实地打造成"最好的一个",回过神来,我们发现已经可以从深山里把"獭祭"酒送到很多人手里了。

我们从2000年开始进军海外市场,现在一共大约销往20个国家。獭祭巴黎店计划2014年夏季在法国巴黎凯旋门附近最好的地段盛大开业,大家在这里可以尽情地品尝和购买"獭祭"酒,目前该店的筹备已经进入最后阶段。

为什么要在巴黎开"獭祭"店?对此很多人感到惊讶不解。

众所周知,和食在2013年12月被联合国教科文组织定为世界无形文化遗产。世人今后一定会有更多机会了解日本丰富多彩的食文化。我们也想向世界传递更多的信号,基于这样的想法我们才决定在巴黎中心地带开店。

巴黎是欧美食文化中心。美国纽约是日本酒的一大市场,这里的高级餐馆都紧跟巴黎潮流,所以如果我们提出的"日本酒的世界标准"能够在巴黎得到认可,我们的酒自然就会流向纽约和其他海外市场。就像葡萄酒受到全世界人们喜爱一样,我们希望日本酒也能得到更多人的喜爱。

当然,光靠我们自己的力量是不行的。在筹备工作中,我们把餐馆部门的规划托付给超一流的"青柳"日本料理店的小山裕久,把店铺的设计拜托给隈研吾先生,我想在世界上决一胜负非他莫属。我们把全日本的中坚力量联合起来向欧洲发出挑战。

如此这般野心勃勃的旭酒造并不是从一开始就为走向世界制定了市场营销策略。

我们位于深山里的小酒厂迈出的第一步就非常不顺畅,那是连生死都无法保证的糟糕透顶的痛苦经历。

前　言

我是旭酒造的第三代长子,曾被父亲赶出自家酒厂。

我被赶出酒厂之后干起了跟日本酒不相关的工作,但万万没想到1984年那一年(昭和59年)父亲突然病逝,按照日本的习惯,我就继承了酒厂。

在我继承酒厂之时,旭酒造在山口县岩国市是属于最落后的第4梯队的酒厂。当时烧酒很受欢迎,在其影响下日本酒市场呈现萎缩态势,我们酒厂更是首先出现销售额急剧下降的情况。

匆忙之间接任的酒厂销售额急速下降,就如同从斜坡上往下滑落一般。面对这样的状况,我茫然失措,甚至脑子里都闪过领死亡保险金的念头。小酒厂、酒厂里的员工们,还有我自己就这样在深山里老朽死去吗?……看着两个孩子熟睡的脸,想着没有希望的明天,我感到非常恐慌,以至于天天睡不着。

既然连生死都无法预测,那么就索性竭尽全力做点自己能做的事情吧。

推翻眼前的一切,重新组建一个崭新的旭酒造吧。

既然已经濒临死亡就没有理由畏惧失去。

深山里的小酒厂第三代决定背水一战,一切从头开始。

小酒厂该怎么做才能变得强大起来呢?

反复思量之后决定酿造难以大规模生产的纯米大吟酿,而且该酒即使每次喝的量不多也会让人爱上它。

岩国第4梯队的酒厂适合在什么样的市场参与竞争呢?

在当地竞争不了,那就索性去遥远的大市场,于是我决定以东京为中心,同时在全国各地扩大经营。

掌管旭酒造酿酒任务的杜氏听到"旭酒造可能要面临倒闭"

的谣传之后不辞而别。于是我只好和员工一起按照书上的指导范本开始着手酿酒,我们想尽可能地通过数字化酿酒来稳定酒的质量。

我们的经营理念里没有经营美学和市场营销。

我们一直在想方设法度过眼前的危机。

我们只有一个念头。

那就是让顾客喝了我们酿造的酒之后由衷地称赞:"啊,真好喝!"

脱离危机之后的酒厂在发展过程中遇到了很多困难。

我们选择了一条在某种意义上打破习惯和传统的从来没有人尝试过的道路,在这条路上我们也遭受过别人的责骂和批判。即使这样,我们为什么还在继续前进呢?

那是因为我们衷心地想听到顾客说:"啊,真好喝!"

对丁深山里的小酒厂来说唯一不能转让的财产就是这句话。

所以我坚信在自己选择的道路上永往直前地踏入更大市场是唯一的一条出路。我们一方面竭力遵守"不能随意打破的传统",另一方面,我们也不畏惧"为守护重要的东西适当进行变革",这正是我们小酒厂旭酒造的传统。巴黎分店不久就要开业了,展现给大家的将是一个什么样的世界呢?我们翘首以待。

酿酒是一件很有趣的事。我除了酒厂一无所有。

在酿酒的道路上专心致志前进的过程中,偶尔我会把自己的感触和想法写在博客上,这本书主要是根据我的博客和以前接受朝日新闻报社采访时的内容再加工完成的。地方酒厂中目标不只局限在日本还想打入海外市场的同仁们、各地的生产厂家们、对日

前　言

本酒情有独钟的爱好者们，我们小酒厂的奋斗史如果能让你们或喜或怒，或产生共鸣，那我将不胜荣幸。

旭酒造株式会社　董事长社长

樱井博志

2013 年 12 月

目 录

总序

前言

第一章　辛酸的失败经历令人难忘 / 1

该怎么办好呢？

　　——连死的念头都有过的，绝望透顶的失败者走出的第一步 / 1

"普通"就意味着"输"

　　——摸索适合小酒厂参与的竞争 / 5

答案不是"应该精简"，而是"只有精简"

　　——向广大消费者只推出大吟酿的原因 / 10

追求传统，但不拘泥于方式

　　——从精米步合23％，到只选择山田锦，再到引进远心分离机的酿酒新方法 / 15

第二章　从巨大失败中学到的东西 / 18

效仿以往的做法，只不过是既有路线的延伸

——降价、纸盒包装之类的销售方式是无济于事的 / 18
走投无路的时候才会发现应该走的路
——新事业失败杜氏离去,成为只剩下员工的"四季酿造"体制 / 20
改革光靠理想和理念是前进不了的
——山田锦的种植挫折打开了全国收购的大门 / 24
不畏纷争,说真心话
——很后悔跟父亲发生争执 / 30

专栏 日本酒的分类 / 33

第三章 拥有断舍离的勇气 / 36
用耳目一新的"外观"来展现好品质
——老品牌名"旭酒造"统一改成新品牌名"獭祭" / 36
把"经验和直觉"数字图标化
——不是由杜氏,而是由员工来完成的科学酿酒 / 39
不受历史束缚
——为提高质量扩大生产设备 / 42
设备更新了也不会忘记曾经的辛劳
——前人栽树,后人乘凉 / 44

第四章 不能混淆"能做的事"和"应该做的事" / 49
应该让商品走王道,轻易不要动摇
——追求受大家欢迎的品质 / 49

不被一时的潮流摆弄

——在《矛×盾》节目举行的比赛中获胜,但是却暴露出酒厂的不成熟 / 53

投资是智慧和思考的结晶

——新投资占到销售额的一成 / 58

不改变自己确信的"优点",注重传达方式

——向讲究民族个性的意大利人学习 / 60

第五章　不受常识和习惯限制 / 64

转换一下思维,把弱项变成强项?

——利用没有"冷卸"酒的特点转而上市"夏季下料"酒 / 64

追求超越"墨迹"的绝对价值

——为什么"磨之先及"是普通酒? / 66

建立一个不需要拼命努力的组织机构

——对"少爱,长爱"产生的共鸣 / 69

解除顾客的幸福和商品之间的矛盾

——思考饮酒和健康之间的关系 / 72

不只看数字,依据事实做判断

——日本酒开始在海外深深扎根的依据 / 75

有时也不要小看颠覆常理的技术进步

——收成好的陈米比收成不好的新米更好 / 77

如果有更好的商品,就不要受习俗限制

——反对把酒洒出来!什么是男人的浪漫? / 79

和人之间的联系超过了物理距离

——买卖靠人与人之间的关系 / 81

第六章　不要小看传统中蕴含的深奥 / 84

在世界上大显身手的人们都很尊重自己的祖国

　　——"世界上通用的最低条件"在体育上也通用 / 84

永远追求日本精神

　　——想支持优衣库的原因 / 87

对"日本风格"的追求和诀别

　　——目标是"洗练""改善"成具有日本独特风格的酒 / 90

知道有比人更聪明的奇特领域

　　——酿酒不完全都是"那样做的话，就会变成这样" / 93

第七章　不发布信息就不会被大家知晓 / 97

想向海外展示最理想的"獭祭"

　　——直营店向海外拓展的想法 / 97

如果能传达意思，标签上未必一定要横着书写

　　——为减少"发泡浊酒"的开瓶事故煞费苦心 / 100

没能培养出经营者

　　——对理性不果断的儿子的牵挂 / 105

日本酒业界自己把新顾客拒之门外

　　——喜欢日本酒的外国人来日后感到失望的理由 / 108

让更多的日本人对日本酒有了解会更难？

　　——绍兴酒、葡萄酒和日本酒的区别 / 111

不想依赖补助金资助，想委托给行政机构

　　——在海外构筑能够对等竞争的场所 / 114

第八章　既然已经站在击球区那么就尽情地挥动球棒 / 117
　非常感激受到当地的爱护和帮助
　　——在东京的山口县同乡为支持我们进入东京市场助了一臂之
　　　力 / 117
　我们一直在奋斗前行,顾客也跟随而来
　　——2015年之前让生产设备增强到3倍多 / 119
　目标不是销售额,是为了实现我们的梦想
　　——想在巴黎、伦敦、纽约也听到顾客们说:"啊,好喝!" / 122
　结构不行的话,就自己去改变
　　——展望10年后的酒厂增加生产山田锦的农户 / 123

结语 / 127

资料　日本酒酿造过程 / 129
　　　　獭祭的拳头产品 / 132

第一章

辛酸的失败经历令人难忘

该怎么办好呢？

——连死的念头都有过的，绝望透顶的
失败者走出的第一步

大约 30 年前的一天，当 9 岁和 7 岁的两个孩子都睡着的时候，我看着他们熟睡的脸，不由地想："我们的酒厂能维持到孩子们大学毕业吗？"酒厂迷茫的将来令我担心不已，以至于每天都难以入睡。

记得那件事发生在 1984 年（昭和 59 年）4 月，当时由于父亲突然病逝，我不得不继承祖业成为旭酒造第三代社长。旭酒造位于山口县周东町（现岩国市）獭越的深山里，是从江户时代 1770 年（明和 7 年）就开始从事酿酒的小酒厂，现在也依然由我担任社长。

实际上在就任社长之前，我被父亲赶出了旭酒造酒厂。

但是突然有一天被赶出去的儿子变成了酒厂第三代继承人，这是包括我自己在内的所有人都万万没想到的事情。

我是家里的长子，大学毕业到大酒厂西宫酒造（现日本盛）学习锻炼之后，1976年（昭和51年）进入旭酒造，成为旭酒造的一名职员，但是由于在酿酒的方向性和经营方面与父亲意见不一致，我最终被旭酒造解雇了。

离开旭酒造之后我于1979年（昭和54年）创办了主要从事石材批发的公司樱井商事，并全身心地经营着这个公司，没想到当公司的年营业额刚刚达到2亿日元的时候父亲突然病逝，于是我又火急火燎地回到了旭酒造。

继承了本来自己就很喜欢的酒厂，我当然是颇有一些感慨的。

但是等待我的惨淡现实让我的这些感慨一下子烟消云散。

当时日本酒业界疯狂地掀起第1次烧酒热潮。

喜欢喝酒的人也许都知道日本酒的计算方法，就是1瓶1升装的酒100瓶算作1石。日本酒在第1次石油危机的1973年销售额达到最高值980万石，而在我刚接任酒厂的时候却大幅度缩水，减少到了340万石。

在整个日本酒销售量不断下滑的那段时间，旭酒造滞销状况更加严重。

1973年（昭和48年）旭酒造销售量的最高值达到2 000石，但在我继任的时候却面临着非常严峻的经营状况，不仅销售量降到700石，只相当于最高值的三分之一，年营业额也只有前一年的

85％。当时的糟糕状况就像所辖区域内的税务署负责人还有我认识的会计师嘲笑我所说的那样："越挣扎越往下陷的泥潭""长期破产状态"。

为应对当时每况愈下的情形,我们首先从招牌酒"旭富士"着手。

为了恢复销售额,我们以"旭富士"为主力挖空心思想出了各种办法。

我们生产了一些装在纸盒子里价格相对较低的酒作为新产品。为了与其他公司竞争,我们大胆地进行大减价,或者附赠顾客一个小器皿。当得知祝贺小卖店开业送的礼金比其他公司少的时候,为了不让公司丢面子我们准备了跟他们数量一样的钱作为礼金。

纵使各种方法之下销售额偶尔会呈现上升的势头,但是要从根本上解决这个问题仍然任重道远,所以我的心境当时完全跌入了绝望的深渊。

旭酒造所在的周东町獭越位于人口稀少的深山里。它离闹市区的距离可以说远得能让人昏厥。在 JR 岩国站每隔 1～2 小时只有 1 辆岩德线从这里经过,坐上岩德线 40 分钟后才能到达周防高森站,从周防高森站到山里去还需要开 15 分钟的车。位于中国*山地地区的小山村都毫不例外人烟极其稀少,我们小酒厂就在这样的山间小村落里走过了漫长的历史。

20 世纪 80 年代前半期很盛行喝地方酒,但是再怎么喜欢喝酒

---

* 译注:此处指日本本州西部的中国地区,而非我国。

的人也不会到这么偏僻的地方来的。即便他们来到这里,也只是从这个看上去像要破产的酒厂门前经过一下而已。更糟糕的是酒厂所在地区的人口由战后的3 000人急剧减少到500人左右。

日本酒市场已经不存在了。

为了打破这种走投无路的现状,我考虑过往离公司最近的闹市区高森和玖珂进军。但是这只会跟当地的酒厂打一场激烈的降价大战,而且他们还拥有优越的地理优势,所以我们不可能有希望取胜。那么去岩国市的中心地区又会怎么样呢?那里也有五桥和黑松两家代表岩口县的酒厂,所以去岩国市的话一定也会被击败。

我觉得就这样在市场占有率的竞争中被轻易打败简直太不可思议了,然而酒厂的职员们却对此毫无想法,也没有一点危机感。我问从外面跑业务回来的营业担当们"我们该怎么办好呢?"。他们只会回答我"毫无办法"。我问:"为什么我们的酒卖不出去?",他们说:"所有的日本酒都卖不出去,因为这个行业已经长期衰退。"

"电视里一直都在不停地做日本酒广告,滩这样的大公司不是卖得很好吗?"当我这样问的时候,他们爱理不理地回答:"大公司那么拼命地打广告当然会卖的好了"。

我说:"岩国的二强不也卖的很好吗?"他们回答:"因为岩国市是城市。"

"但是其他公司不也都很努力吗?""他们一个劲地降价,而且又位于闹市区,所以就卖得好了。"

总之,不管怎样我都说不过他们。

他们用大量的理由头头是道地回答我卖不出去的原因。

由于酒卖不出去，营业担当正好可以有空闲时间去想出很多冠冕堂皇的理由。

而他好像压根就没想过如果酒卖不出去公司就会面临破产。

我想如果这种糟糕状况得不到改善的话就只有瞄准保险费自杀去了。不久公司就要倒闭了，我就要去上吊自杀了，我甚至还这样胡思乱想。

一想到酒厂和孩子们的将来心里就一片黑暗。因为想不出办法，我变得郁郁寡欢什么都做不了。妻子担心地问："你不会是得了躁狂病吧？"我毫不服输地为自己辩解："不得躁狂病的经营者是干不了大事的。"

"已经撑不下去了吗？"

我在心里反问自己。

"真的是无计可施了吗？"

实际上旭酒造这时已经成为山口县东部酒类市场上彻底的失败者。

但是（现在才敢说），最终是这个"彻底的失败"挽救了我们。

"普通"就意味着"输"
——摸索适合小酒厂参与的竞争

酒厂的惨状不光是前面提到的销售方面。

在酿酒这一核心环节上情况更加糟糕。

在我刚上任当社长的时候，旭酒造酒厂的销售主要是通过到小酒店去周旋，与他们建立人际关系，然后让他们帮助卖酒。这是当时大多数酒厂的一贯的"正攻法"。总而言之，那时的基本模式是"把酿好的酒卖掉"，根本没想过要"酿出好酒"。

现如今的旭酒造只生产纯米大吟酿（关于酒的分类参照33页专栏），但在我刚就任社长不久的时候我们的主力产品是普通酒。那个时候酒是分等级的，1级以上的酒由大酒厂生产，地方的小酒厂专门生产2级酒，质量次之。

旭酒造也毫不例外，主要生产1级酒和2级酒。生产优质普通酒，如果不达到一定数量，成本就会相应变高。能把成本控制在最低的数量大约是5 000石（1升装的50万瓶）左右。当然小酒厂如果不计成本，酿造优质普通酒并不是不可能的。不过，要达到这个目标的代价就是员工们的薪水不能得到提高。

我们酒厂如此拼命地大批量生产普通酒真的能产生相应的社会价值吗？

与普通酒相反，大吟酿如果数量太多就很难保证质量，所以小酒厂生产大吟酿正好可以发挥自身的优势，从而能以适当的价格向顾客推出高品质的大吟酿。

酒厂也是企业。作为一个企业如果不能对社会有所贡献，就没有存在的价值。所以我决定向大吟酿发起挑战。

我果断地鼓足勇气放弃酿造"普通"酒。

生产大吟酿当然难度是很大的，不可能一开始就很顺利。

按照书上的介绍，用于酿酒的米要把外侧磨去一半以上。（因为米外侧的蛋白质和营养物质有残留的话会影响酒的风味。磨去米的外侧的过程被称为"精白",用于酿酒的米的比率被叫做"精米步合"。外侧磨得越好酒的口感就越甘纯。)

只是我们第一次酿出来的酒味道很少见,都快让人感觉不能叫作大吟酿。

关于我们酿造的酒的情况,我特意到山口县食品工业技术中心和邻近的广岛县负责酒技术指导的国税局鉴定室咨询了意见,他们告诉我:"这样的酒不管储存多久都不会好喝"听了这话以后我决定把这个酒当作那时很流行的无需热杀菌的"生酒"来卖。

就是这个"生酒"当时竟然在山口县取得了第2名的好名次,一座快要倒闭的酒厂还能酿造出生酒,电视台和报社都闻讯赶来对我们进行采访。托他们的福,3桶味道不尽如意的酒很快卖完了。销售数量虽然上去了我还是有点诚惶诚恐。

销售额上升了我每天依然睡不着。

这种状况没有持续很久。

因为我意识到我们必须从根本上来改变酒厂。

刚一开始的"变革"给了我很大的启发并激发我作出了如下决定。

"全力以赴酿造'美酒'"

就是这个瞬间念头迫使我不得不勇敢地去挑战各种困难。

我问杜氏(造酒的头领):"为什么我们酿造不出像其他酒厂那样的大吟酿?"他回答说:"反正酿造大吟酿是很难的""总之是很吃力的",听了他的话反而让我一头雾水。

一般来说,酿酒都是由酿酒最高负责人杜氏和在他领导下的匠人们来完成的,跟社长和经营者是没有关系的。酿酒中的下料工序由于被限定在农闲期的冬季,所以一大半的杜氏都是来自农家的利用农闲时间出来做兼职的雪国和山村的人们。

杜氏按地区组成集团,旭酒造的杜氏叫大津杜氏,属于以山口县长门市近郊的农家为主的杜氏集团,那个年头酒厂里如果能有个年轻的杜氏知名度就会提高。可是为什么我们酒厂还是酿造不出"味道甘美的好酒"呢?我碰到了一个非常质朴的难题。

以酒业界杂志上的报道为契机开始了小酒厂的"大改革"

非常遗憾的是现在的杜氏永远不会酿造出大吟酿来的。

作为新社长的我也完全看出"我们酒厂的杜氏不知道如何去酿造大吟酿"。

后来有一个人向我推荐了一位但马杜氏,这个人之所以给我推荐是因为当年我们酿造生酒引起了他的注意,并让他觉得"旭酒造是个很有意思的地方"。第二年这位但马杜氏就来了,他非常优秀,为我们酒厂的酿酒工作打下了坚实的基础。

当时像"矶白慢""开运""初龟"之类的优质吟酿酒在静冈县各地有很多。酒业界的一本杂志上刊登的报道《静冈县的大吟酿》中写到静冈工业技术中心河村传兵卫老师对这些酒的酿造给予了很大的支持。看到那篇报道的瞬间,我的后背就像有一道电流穿过。

我想酿造的就是这样的酒!

我马上把这篇报道拿给新杜氏看,并对他说:"奥雅桑(杜氏),我们就按照这个方法去酿酒。"后来我们真的就着手去酿造大吟

第一章　辛酸的失败经历令人难忘

酿了。

那年我们终于酿出了大吟酿。

非常惭愧的是我因此开始骄傲自满,还天真地认为只要有技术指导和信息来源就一定能酿造出好酒来。

然而现实并非如此简单,实际上真正的辛劳才刚刚开始。不过现在"獭祭"的发展与我们当时迈出的这小小一步密切相关。

而且那时候的日本酒业界"酿酒大权掌握在杜氏手里,经营阵营只负责销售,没有任何发言权",而我却打破常规确立了当时非常罕见的"技术信息由社长(我)来收集,杜氏只负责酿造酒"的生产体制。

杜氏刚开始听说这个体制的时候有点半愣半惊,他说"很难接受这种做法,不过也没办法",为了酒厂他只好作出妥协。让我们小酒厂的历史发生翻天覆地变化的"大改革"就是我们实行的"让酒厂员工来酿酒"的方针,这一方针如今成了旭酒造酿酒体制的基础。

我出生于1950年(昭和25年),在我上小学的时候1升酒的价格大约500日元左右。工人一天的工资勉强可以买到1升2级酒。现如今一天的工资,在有促销活动的店里则可以买到30~40瓶价格便宜一点的酒。所以现在口袋里有点零钱就能喝到酒精中毒,而以前即便把妻儿典当出去得到的钱也很难喝到这么多酒。

酒的可贵之处和饮用方法一直都在发生变化,所以我想我们酿造的酒也必须要有新变化。

社会也在一点点地变化着。

宅急便的出现很令人激动。在有宅急便之前用集装箱邮寄1

升装的酒的话,至少需要装 1 500 瓶,量少的时候就通过货车来邮寄。现在有了宅急便,不要说 1 箱就是 1 瓶都可以配送到全国各地。

还有一个就是信息技术的发展。

信息技术的发展对于我们这样的中小企业来说当然起到了划时代的作用。打字机不再需要花费跟制作照片用的蓝图一样的高价钱了,它只需要一台复印机的价格,所以连看上去快倒闭的酒厂也能买得起。不仅如此,如今通过网络还可以直接给海外的顾客发送产品信息。

当我们每天因为产品"卖不出去"拼命挣扎的时候,社会在悄然地发生着巨大变化。

答案不是"应该精简",而是"只有精简"
—— 向广大消费者只推出大吟酿的原因

正式开始酿造纯米吟酿之后的很长一段时间,我们还同时酿造一些普通酒。后来果断地决定只酿造纯米吟酿和以下两件事有很大关联。

这两件事都发生在 1990 年前后。

其中的一件事发生在东京日比谷的帝国宾馆,那天横纲旭富士相扑手在那里举行结婚宴会。当时我们酿造的酒碰巧与这位青森县出生的横纲同名,也是叫"旭富士",所以我很荣幸地被邀请去参加他的婚宴。

第一章　辛酸的失败经历令人难忘

那次是我人生第一次参加名人的婚礼,所以我精心地做了准备特意穿着晚礼服去参加,万万没想到竟然被错当成宾馆服务员。坐在宴会后面座位上的横纲大乃国的身体居然有椅子的3倍宽。总之在那天的宴会上碰到了很多有趣的事。

那天婚宴上招待客人们用的是上市量在酒业界位列第二名的H公司的300 ml一瓶的特级酒。邻座的青森县知事喝的是烫过的热酒,我喝的是冰镇的酒。县知事也给我倒一点他的热酒,所以在那天宴会上我既喝了冰酒又喝了热酒。这两种喝法我觉得味道都不错。

真不愧是H公司,我们酒厂是怎么也做不到的,就在如此这般感慨万分的时候令我发现了一件非常重要的事情。

可以烫热了喝,也可以冰镇着喝。

这真的是"优势"吗?

这是大公司的技术成果,但我总感觉缺少了点什么,那就是他们的酒种类太多,令顾客难以选择。

"因为他们是大酒厂,所以产品种类太多,反而令顾客难以选择。我们是小酒厂,可以精简产品,只要酿造'冰镇的酒'就足够了,烫热喝的酒交给其他酒厂就可以了。"

这个看上去理所当然的事对我来说是个非常重大的发现。从那以后我才明确了旭酒造的发展方向。

我年轻的时候曾经说过:"酒除了冰镇的以外都不算酒。想喝烫的酒就到其他酒厂去。"年过40以后开始迷恋起烫酒,发现烫酒味道也不错,后来也想过酿造能烫着喝的纯米吟酿。

还有一件事让我最终下决心定下了旭酒造的发展方向。

在泡沫经济陷入低谷的那段期间,我们用葡萄酒酵母酿造过纯米吟酿。那个时候正好想到只选用最高级的山田锦作为酒米原料,所以酿造出来的是使用了50％精白山田锦的纯米大吟酿。

这个酒受到了酿酒专家们的好评,他们表扬道:"使用葡萄酒酵母能酿造出这样的酒那是很不简单的。"现在想来,这话听上去感觉很微妙。

当时更让我们感到高兴的是报纸和电视等各家媒体得知我们酿出了罕见珍贵的酒都纷纷赶来采访报道。

根据经验推断,经媒体报道之后,新产品很快就会卖完。酒厂的销售担当原先一直在抱怨"难卖",一经报道之后,订单雪片似地飞来,他们却又拼命地回绝订单。

第二年乘着余势我们在广岛市内举行了一场发表会。

会场选在当时很有名气的"gebanto 会馆",那里能容纳的人数并不是很多,但大家对会场顶层的法国餐馆评价很高。据说建在太田川畔的这幢非常气派的会馆是爱好音乐的老板根据自己的兴趣建造的。

因为想到"晚会的开头至关重要",所以特意邀请朋友的女儿在刚开场的 20 分钟时间里在会场上演奏长笛。伴随着长笛的乐曲声顾客们步入了会场,我们给他们送上了用基尔酒掺在吟酿酒里做的鸡尾酒,大家都愉快地喝完了杯中的酒。

接着看准时机让料理长登场,他站在我们特意调暗的灯光下对当天的精美菜肴向大家作了介绍。

我想说的是,我们那天竭尽全力地举办了一场很有特色的发表会。会场里挤满了 200 多名顾客,各地来的专家们对酒的评价也很高,我内心的高兴,无法用语言来形容。

但是这时从会场里传来的两句话一下子把我都快翘上天的骄傲的尾巴压了下去。

"大家都说这个用葡萄酒酵母酿造的酒好喝,不过要 2 000 日元的吧?那么这比 2 000 日元的葡萄酒好喝吗?"

正打算让顾客们品尝我们的冰镇过的日本酒的时候,没想到突然有人提到了"葡萄酒"。确实我们 720 ml 的一瓶酒是 2 000 日元,跟满满一瓶 750 ml 的葡萄酒价格相同。

我当然非常吃惊。

这位女士大概是想说"日本酒就应该有日本酒的味道,像葡萄酒一样的日本酒是不会比葡萄酒好喝的""要酿酒的话,就不应该耍小伎俩,而是要堂堂正正地好好地去酿"。

专家老师们从技术性观点出发认为我们的酒做得很好。媒体报道我们是因为他们觉得我们的酒很具有新闻性。旭酒造则热衷于追求计划和所实现的目标之间的趣味性,当然也有对商品畅销的满足感。到此为止,我觉得这一切都是没有问题的。

然而这位女顾客却提出了非常质朴的疑问:这酒真的可以说"好喝"吗?

酒靠"话题性""故事性""非日常性"是卖不出去的

不只看日本酒的质量,而是用"价格"与"美味"的对比度来评价酒的优劣,这才是顾客们的真正心声。

隐藏在顾客心声里的词语不是"美味",而是"满意",也就是"价格"与"绝对满意"的对比度。

如果不能给顾客提供跟价格相匹配的满意的酒,顾客就感受不到它的美味。几十万日元的品牌包会让顾客满意,但是 2 000 日元的日本酒却无法让顾客满意。那位女士的那句话让我恍然大悟。

我们所要追求的不只是美味,而是"相对于价格的绝对美味"。

为此我们应该怎样去做呢?

小酒厂不可能同时走好几条路。因此,旭酒造选择了高精白,选择了最好的酒米山田锦和纯米吟酿,还有保证能酿出好酒的酵母。我们决定只朝着这一个目标方向前进。

旭酒造选择了这条路以后,在新产品里没有用过令人新奇的米和酵母。因为新奇的东西虽然会在短时间里满足顾客的好奇心,使用它所花费的开发费用和材料成本最终还是要以某种形式转嫁给顾客,让顾客来承担。

"不能让顾客支付超过商品质量之外的费用。"

从那以后我们酒厂极力避免靠"话题性""故事性"和"非日常性"来向顾客卖酒,我们推向市场的酒都是我们非常有自信的产品。

与美味相比,顾客的"绝对满意"更重要。

我们要酿造出能让顾客真心满意的酒。

在酒厂反复出错又不断摸索的那一刹那间,我捕捉到了这一道亮光。

追求传统，但不拘泥于方式

——从精米步合23%，到只选择山田锦，再到引进远心分离机的酿酒新方法

好不容易酿造出来的吟酿酒，通过别人的介绍终于打入了东京市场。当时正赶上20世纪80年代泡沫经济的尾声和吟酿酒热潮，销售额有了很大提高。

销售额的不断顺利增长冲昏了我的头脑，我开始得意地认为"只要有技术和信息来源就能酿出好酒"。

杜氏根据公司从外部获取的最新技术信息开始酿酒，我们最初定下的目标是达到"指南书上的70分"。

酿造吟酿酒的过程中经常会出现很多意料之外的困难，所定的目标在酿酒现场往往很容易往下降。从70分降到60分的理由也能列举出很多，比如气候恶劣、大米欠收等等。

但是从销售的角度来看是需要不断有优秀产品诞生的，由此我们决定更加严格地去对待酿酒的每一个过程。

降低精米步合的比率也是为了此目的。把比率设定在极限值23%，与其说是因为有确切的书本依据，还不如说是因为这在当时的日本已经是最低值，所以才作出了这样的决定。

而且，对于我们自己认为酿造得很成功的酒，客人们也确实好像觉得味道不错，所以销售额一直在攀升。真真切切地感觉到顾客们的需求发生了由量到质的飞跃性变化。

如果我们的工作就是酿造真正美味的好酒，那么我们到底应

该怎样去做呢？经过再三思考和反复实践终于形成了现在的酿酒体制，那就是只使用质量最好的酒米山田锦，只酿造质量最好的日本酒——纯米大吟酿。

我们的目标不是酿 70 分的酒，而是要酿达到 120 分的酒。

最高目标是酿出在日本排名第一的酒或是质量最好的酒。

我强烈地感觉到只有这样我们才会有顾客。

酿酒的方法也忠实地以"酿出好酒"为目标，不受以前的酿造方法和固有习惯的限制，所以也有很多做法让人觉得有悖常理。

例如，"四季酿造"就是其中之一。

"酒不是只有在冬季才能酿造吗？"经常被人问到这个问题，而实际上我们酒厂一年四季都在酿酒。

"夏天酿酒会酿出大量劣质酒吧？"也曾经被人这样问过。

这其实是一个很大的误解。之所以一年四季都能酿酒，是因为酿酒的生产程序完全与人们的日常想象是不一样的。

旭酒造由我和员工们一起来酿酒。员工们都来自当地，所以我想让他们星期日休息一天。如果这样的话，我们酒厂就不能像其他酒厂一样在冬季的每一天都可以下料。酿酒一个程序的完成需要连续作业 4 天，所以周末休息的话，整个生产线就要停滞下来，酿酒能力就减少约一半左右。再加上不增加酒精量只使用纯米，那么就只能酿造出那一半中的四分之一的酒。

下料间的室温全年保持在摄氏 5 度，曲室间里经常模拟接近冬季的温度条件，因此进行作业之前需要把夏天一度用冷气冷却下来的空气再次加热。一年到头都是在这样的条件下酿酒当然就可以确保酒的最低酿造数量了（酿酒的生产程序参照卷末资料）。

正因为如此,在旭酒造看不见老年人在寒冷的酒厂里忙碌工作的感人场景。在旭酒造酒厂里因为这周的下料就要开始了,年轻的员工们看着前一周的下料结果,正确而熟练地修正着有回旋余地的可以修正的地方,因为下料和曲的制作方法可稍作调整。他们的熟练程度完全不亚于专业的匠人们。

比如,在几个月的时间里酒糟的诱导方法和曲的制作方法都完全不同。曲的制作时间根据那年米的特性,可以从 54 小时延长到 70 小时。

我对作为传统产业的酒厂工作充满了自豪感,对酒的酿造方法没有特别的限定。我希望**旭酒造的传统就是为酿出更好的酒在酿造方法上不断有"变化"**。

2000 年在过滤原料发酵产生的白浊状的酒醪这个"上槽"工序里,引进远心分离机也是基于这样的想法。

通常的做法是先压榨再过滤,而使用远心分离机过滤则是在无压力状态下过滤酒,这使纯米大吟酿可以保存与生俱来的香味。除了"新造一幢房子"的初期投资,无压力下的过滤成品率极低,运转费用也随之上升,所以这个机器一般只用于工业试验场。

旭酒造是第一次面向商用来引进机器,所以一开始出现了很多问题,经过很长时间的摸索才总算可以平稳地运转使用。正因为引进了这个机器,酿造出的酒的质量才毫不逊色于新酒鉴评会上展出的各种酒。

我们所做的这一切不是为了追求什么崇高的理想,而是为了酿出"好酒",为了酒厂生存下去所选择的必然之路。

第二章

从巨大失败中学到的东西

效仿以往的做法，只不过是既有路线的延伸

——降价、纸盒包装之类的销售方式是无济于事的

在第 1 章里提到我在 1984 年（昭和 59 年）继承祖业的时候，酒厂销售额急剧下降，为了使酒厂的业绩得到反转，我绞尽脑汁想出了各种办法。

我首先从以前的广告商品——本酿造 1 级酒"旭富士"开始着手。

我首先想到的是滩、伏见这些大酒厂在刚起步的时候都卖过纸盒包装的日本酒（1 800 ml）。经过一番查找终于发现了连我们这样快倒闭的酒厂也能买得起的充填机器。

一般来说完成 1 盒盒装所需要的人手大约是瓶装的 6 倍。不过当时我们酒厂几乎每天都有很多员工在抱怨"卖不出去，闲着没事做。今天干什么好呢？"，所以人手应该是没有问题的。

第二章　从巨大失败中学到的东西

后来我们真的就开始生产纸盒包装的酒,没想到居然大受欢迎。

营业担当们非常消极,还说"我们的新产品是不可能畅销的",他们从酒厂把纸盒包装的产品装上卡车运到了销售活动点,谁知道竟然战果辉煌,一上午就把运来的一卡车酒全卖完了。一向底气不足,跟人开玩笑也是低着头的营业担当挺起胸膛,看上去充满了自信。

纸盒包装如此受欢迎让我感到非常高兴,接着我又计划生产像个杯子一样的纸杯包装(180 ml)的酒。

只是这个纸杯子没有像装 1 800 ml 纸盒子那样实惠的充填机器。当时我们还没钱去购买价值超过 1 000 万日元的昂贵机器。

我仔细观察以后发现这个纸杯是在杯子内测涂上树脂,再盖上铝制的杯盖来隔热的真空镀膜结构。

"对呀,熨斗呀!用熨斗烫一下就可以呀!不需要机器呀!"

我们买来好几个熨斗替代了需要 1 000 万日元的机器,几个一直负责装瓶子的觉得工作空闲的女士们这次正好大显身手。这样一来我们就能够填充纸杯子了,在很长一段时间 1 800 ml 纸盒包装和 180 ml 纸杯包装的产品占了旭酒造总上市量的二成。

但是这些纸质包装酒不久就停止生产了。

因为这种纸盒酒看上去好像有利于提高销售额,而实际上只是一种假象。

首先填充需要太多的人手,已经无法坚持下去。而普通酒在激烈的市场竞争中已经完全卖不出去。

因为停止生产纸盒酒的事情我们专程赶到客户那里去道歉,

客户因而责怪我们:"难得我们店帮你们卖,你们却不生产了!"这时即便我们对客户说"公司会不惜一切代价"之类好听的话,如果最终费用不让顾客来承担的话我们还是要面临破产。

而且那些老早以前在装瓶部门工作的,一直抱怨"酒卖不出去,没事做"的员工们,真的忙起来了他们又都辞职不干了。

在呈萎缩趋势的当地普通酒市场做生意,一点点的小伎俩只是杯水车薪而已,解决不了任何问题。这件事让我深有感触。我深刻地意识到彻底改革的必要性,坚定地转为酿造纯米大吟酿。

走投无路的时候才会发现应该走的路

——新事业失败杜氏离去,成为只剩下
员工的"四季酿造"体制

从我刚继任酒厂就经历危机算来已经有十几个年头了,吟酿酒也开始打入东京市场,20世纪90年代后半期眼看着总算可以喘口气了,偏偏就在这个时候出事了。

我再次经历了一场威胁到酒厂安危的巨大失败。

与就任社长那时相比酒厂在经济上有了一些富余,所以我就估算着要眼光长远,不能只想着增加营业额。这个想法本身就存在着很大的问题。

对酒厂的长期存在造成最大威胁的两个问题是杜氏们的老龄化和确保员工数量的难度。

即使现在一般来说也还是在冬季下料的季节让杜氏和员工们

来酒厂酿酒。随着经济的高速发展,人们在大企业的地方工厂也可以找到理想的工作的时候,酒厂每年都要为招募员工费尽心思。

因此旭酒造开始雇用属于制造行业的员工,这个需要全年都有人事费用的支出。夏季没好工作的话也招聘不到优秀人才。

最终生产地方啤酒成为解决所有这些问题的最好办法。

啤酒在夏季进入需求和酿造旺季,而日本酒在夏季却是淡季,所以夏季酿造啤酒正好可以使全年的工作量均衡化。

虽然酒的原料不同,但是酒类的酿造都是相通的。日本酒的糖化和发酵过程是在酒桶里同时进行,啤酒是先糖化再发酵,一直酿造日本酒的我们对啤酒的酿造特性多少还是懂一点。

由于诸如此类原因,我们开始着手酿造地方啤酒。但是作为得到酿造许可的一个条件,我们要经营一家地方啤酒餐馆。我们轻易答应这个条件正是我们最终失败的根源。

服务行业对我们来说是个未知世界,于是特意招来公司顾问征求意见,在他的提议下我们开了一家"边表演街头技艺边卖地方啤酒"的非常奇葩的餐馆,餐馆的名字叫"大道艺馆"。

然而销售额2亿日元的餐馆,总投资额2亿4 000万日元(房东也投资2亿4 000万日元,总额4亿8 000万的大项目)原本就太大了。草率的计划眨眼之间出现了问题,最终仅仅3个月因资金周转不了被迫撤退。

停止经营餐馆不用多说大家都能理解,但是可能有人会问:为什么不卖地方啤酒了呢?

酿造啤酒的物理设备齐全,原材料也便宜(实际上最优质的德国产麦芽比国产劣质大米还要便宜),集中精力只酿造啤酒的话肯定会赚钱。从短期效益来看,一直这样酿造下去也许会获利。

我也看到过美国那样的小型啤酒厂(相当于日本的生产地方啤酒的小啤酒厂家)解禁之后经过十几年的低迷期,又崭露头角迎来了鼎盛时期。因此我想我们酒厂也可以"就这样等4~5年,直到风向转变为止"。

不过我们执意追求的是如何能够维持公司内(特别是酿造部门)的工作热情。

旭酒造的员工们经常去挑战新课题,在日本酒业界呈衰落的形势下依然能使销售量和销售额保持增长态势,他们对此深感自豪,面对酒厂这份艰辛的工作和我这个社长脱口而出的抱怨,他们也能一直忍受着。虽然啤酒的酿造技术在很多方面已经弄清楚了,但是除了降低价格和稳定质量以外,通过开发技术来提高质量达到目标还是很难实现的。正因为如此,只是积极乐观地预测"再过几年就会赚钱"是无法动员员工们去做既没有目标性也没有挑战性的事业。

"大道艺馆"闭馆后,向企业顾问提交了民事诉讼,追回了2 000万日元,加上营业额一共收回的钱也只有5 000万日元。大概损失了相当于一年营业额的1亿9 000万,没有任何补救办法。餐馆的致命性失败导致经营危机继续蔓延,给财务方面也带来不安。

我陷入穷途末路之中,流着泪估算着口袋里剩下的钱,心里在想:"公司还能不能坚持下去"。我甚至都没钱汇给在东京上大学的儿子买教科书。我的存款余额从上周开始就已经是零。我深受打击,独自躲到屋子里流泪,没敢让妻子看见。

如果我自己自杀,多少可以拿到一些保险金,用这个钱是不是能去还我们借来的钱呢？那个时候我真的只能想到这个办法。

就在我为了还钱每天节俭生活的时候又发生了一件更重大的事情。

杜氏听说由于地方啤酒事业的失败导致"旭酒造很危险"，第二年下料季节到来的时候他没有按时回来。他带着手下的员工们一起去了别的酒厂。

很难马上就能找到合适的新杜氏。已经到了无计可施的地步。

老实说物色新杜氏是件很麻烦的事。经营主管告诉杜氏"想酿造这样的酒"，杜氏再按照经营主管提供的技术信息去酿酒，这样的默契关系经过很久的磨合才能建立起来。酒厂一般都是实行制贩分离体制，也就是经营者不参与酿酒，他们只负责销售杜氏酿好的酒，因此甚至曾经有人对我们这种独特的酿酒体制提出异议，说："你们太捉弄杜氏了。"

这种让周围人很难理解的关系，我们必须要和新杜氏从头重新建立起来。而且即使新来的杜氏非常优秀，在酿酒的方向上未必能跟我们观点一致。

"找到新杜氏，我们到底能不能顺利相处？"

我一边找一边在心里揣摩着，但是也不可能迅速就能找到中意的杜氏。

反复思量几天之后，我果断作出了决定。

"我自己来酿酒。迄今为止都是谦虚地让杜氏来酿酒，自己酿酒的话我就能随心所欲地酿自己想酿的酒了，我可以挑战一下！"

我果断地废除了杜氏制度，和留下来的4个没有酿酒经验的员工一起开始酿起酒来。当时我断定只要杜氏制度不废除,酿酒体制就不可能有变革,所以我索性果断地当起了掌舵人。如此一来,不仅能把在销售经营中从顾客那儿汇集来的意见直接反馈给酒厂,还可以向不作妥协让步的酒厂发出挑战。

这听上去像是在开玩笑,但是当时的决断确实为今天旭酒造的形成奠定了重要基础。

在前一章也提到过,由于我们酒厂完全变成只由员工自己来酿酒,考虑到员工的休息和酒的产量,酒厂在夏季也不能停止生产,这为在全国都很罕见的四季酿造(不光是冬季,整个一年都酿酒)体制埋下了伏笔。

为了一年到头都能酿酒,需要引进能让酒厂室温始终保持在5摄氏度的优质空调设备。不过这样一来,与拥有同等规模酿造设备的其他酒厂相比,我们酒厂的酿造能力提高了2倍。

现在想来,正是因为当时地方啤酒遭遇了重大失败前途一片黑暗才为酒厂的发展打下了奠基石。酒厂的经历真可谓是跌宕起伏,直到如今才敢这样笑着说。

改革光靠理想和理念是前进不了的

——山田锦的种植挫折打开了全国收购的大门

"獭祭"现在只使用酒米中最优质的好米"山田锦"来酿酒。用于酿酒的"酒米"比我们平时吃的"饭米"颗粒大,米外侧的蛋白质、脂肪、矿物质之类的很多成分会影响酒的味道,所以必须要把外侧部分先磨掉，只留下中间的心白部分来酿酒。

在我刚继任的那个时候，酒厂只酿造普通酒，所以使用的是一般性的酒米，与高品质的优质酒米无任何关联。后来在开始着手酿造纯米大吟酿的时候感觉很棘手的就是不知道如何才能确保有适合吟酿酒的高级优质米。

总之，就是手头得不到那样的米。

询问员工，员工似是而非地回答："这么说来，倒是想起来以前是说'雄町'米很好，所以一直从岛根县购买。"（实际上不是岛根县，而是冈山县）那时没有任何经验当然就想不出弄到米的办法了。

山口县的农户们都没把县内的酒厂放在眼里，居然还问："广岛西边还有酒厂酿酒？"山口县适合酿酒的好米，一半以上好像都运到兵库县最好的酒厂去了。

起初我想：既然没有米，那我们就从种米开始吧。

旭酒造酒厂正如标语"山口深山里的酒厂"说的那样，位于大山间的贫穷山村里，所以酒厂周围没有可以维持我酒厂生存下去的足够大的市场。然而，这里没有人但是有田地，而且都是适合种植稻米的山田和梯田。

有两位农户对当时山口县的状况抱有强烈的危机感，于是我们在这两位农户和当地农协农业科长的协助下开始向种植酒米发出挑战，因为我想："如果当地的米可以成为优质的酒米，那也许这还可以变成一项产业。"

然而，尝试错误就此开始了。

我们先挑战了山田锦。但因为是在海拔 500 多米的山地上种植,在晚熟的山田锦稻米还没成熟的时候就开始下雪了,最后这个尝试以失败告终。

不过据经济联(2000年合并前的名称,现全国农业协同组合联合会)相关人员透露,这个稻种是现在山口县产的山田锦的前身,所以现在回想起来我觉得当时的尝试并不完全是徒劳的。

晚熟的稻米大概不适合当地气候,于是第二年我们选择了早熟品种"五百万石",再次发起挑战。然而,由于这个品种比其他品种的米熟得早,结果都成了麻雀的美食。

经过这两次惨痛的失败,我们放弃了吗?

没有,因为接着我又想:既然这样,那我们就种植不早也不晚的品种好了。

这个品种就是"北锦"。米很好,但是有个大问题。因为这米不是山口县的指定品种,所以不能判定优劣等级,竟然成了黑市米。

后来总算死乞白赖地买到了米。

当正在担心第二年能不能弄到稻种的时候,形势开始发生了变化。山口县种植山田锦的气势高涨,经济联应运而生。

这样一来稻种可以很容易弄到手,所以我们决定还是种植质量最好的山田锦。

前一次因为海拔太高导致失败,这次在海拔不到400米的地方种植应该就可以了。

但是没想到一直和我们合作的农户说"不想干了"。

他这样说是有原因的。

首先,适合酿酒的好米,单位面积产量少。这些我们都是知道的,所以作为补偿,我们给他发了补偿金。

除此之外还有更严重的问题。

首先,农活有个很大的特点:如果不和左邻右坊在同一时间插秧,就会出现农业用水不足的问题。除此之外,收割季节无论早晚都会出现前面提到的被麻雀偷吃的问题。

最终,如果能和别人步调一致就能受益,不一致就会有损失。

这种农业形态应该是从很久以前的弥生时代就开始出现了,一直延续到现在,"和别人相同=善"这样的价值观已经融入到人们的 DNA 中。所以,理所当然"和别人不同=恶",而且是"和别人品种不同=恶"。我这个做事向来大大咧咧的社长竟然一点都没注意到这种文化现象。

对于我们这样的中小企业来说,会觉得如果做和别人一样的事,"资金上会受限制,是不可能取得成功的,如果不做点与众不同的事就无法生存下去",所以非常不能理解那位农户的想法。这种想法里包含着我这个理想和理念幼稚的人不能触及到的东西。

让农户来种植山田锦的计划破产了。

但是,天无绝人之路。好运随后而来。

有个一直在耕种我父亲生前租给他 1 町步(3 000 坪)田地的人,如今因为上了年纪很难再继续从事农作业,他来跟我说要把田还回来。

有了可以自由使用的土地,我马上想到我们自己来耕种。

当时的旭酒造与其他酒厂一样,冬忙夏闲。我非常困惑,不知道该怎样做才能给员工们发工资,后来我决定再次挑战在夏季种植大米。

我试算了一下，如果耕种 10 町步以上，每 1 俵* 的生产费需要 1 万 4 000 日元。顺便说一下，那时山田锦的价格大概 3 万日元左右。这样算下来，也许是可以赚到钱的，我想入非非地打着如意算盘。

山田锦 1 町平均能产 70 俵左右。当时旭酒造的目标是成为有 2 000 俵米规模的酒厂，那么有 30 町就足够了，而且 1 俵便宜 1 万 6 000 日元。

是的，这样算来是会赚钱的！我忘记了以前的教训，期待着奇迹的发生。

实际上当时中国地区农户的平均生产规模每家突破了 1 町步，由于还没有出现规模经济，所以每 1 俵的生产成本大约 2 万 6 000 日元。我们先以 1 万 6 000 日元左右的价格卖给农协，然后经济联再给我们酒厂大约 2 万日元（品种是"日本晴"之类的普通米的情况下）。也就是最终每 1 俵我们酒厂会有 1 万日元的损失。

总之，旭酒造在欲望和形势的逼迫下开始着手种植山田锦。

参加之后才看清了酒业界的真面目

后来被拍成电视取得很大成功的漫画《夏子的酒》从第二年开始连载，这对我们来说是非常有利的形势。不过，那部漫画讲的是立志把想象中的品种复活变成现实的故事，而我们酒厂靠的是欲望和形势逼迫。

---

* 译注：俵，用于计数装有稻米或木炭等物的草袋的量词。

第二章　从巨大失败中学到的东西

在这样的形势下就能进展顺利了吗？那是不可能的。

最大的失算是农业界把我们看成是"外人"。所以，当我们扮演客人这个角色的时候，一切进展顺利，而作为同行业参加进来后就产生了各种各样的摩擦。

比如，用从兵库县拿来的山田锦稻种种植了几次以后，我们发现有退化问题，需要更新稻种。但这样的稻种在酒厂和一般农户家里是很难种好的，所以我们把稻种交给了经济联，但他们没能认真地去做这件事。

那年春天，在就要开始春耕之前，我们对经济联说："请把稻种给我们"，经济联说："希望下次提前告诉我们"，最终没能要回稻种。于是第二年秋天我们就提前去跟他们说了，但还是没能要回来。

两次都没能从经济联要回稻种，我就通过个人门路想方设法弄到了稻种。接着第三年依然没能要回稻种，我实在忍不住怒火，就斥责他们："我们不会通过经济联在山口县内买1俵米。"直到现在我们还是如此。

最终，我们还是没能克服重重障碍，直到如今我们种植的也只是大约50俵左右的试验播种。

只是这些努力并不完全是徒劳的。

面对着起初50多俵的山田锦，我想："难得我们自己栽培出了山田锦，所以想做点什么来纪念一下。哪怕是我和员工不要人工费种植出来的很一般的米，即便失败了也想做点什么。"

于是正如第1章里提到的，我们决定向在日本名列第一的精米步合发出挑战，接着我们竭尽全力终于勉强生产出山田锦精米步合 23％的"獭祭-精酿-二割三分"。

我们就这样东撞西撞,在试验中不断地出现错误,有人实在看不下去了就对我们说,请使用我们的山田锦吧。兵库县的农协和我们就是在这种情形下开始有了来往,成为我们非常重要的合作伙伴。

我们和经济联断绝了来往之后,又非常幸运地得到了县厅和农协的支持,从而可以自由地从日本各地买来优质米。

2013年山田锦的全国产量大约31万～32万俵,旭酒造买了其中的4万俵。我们1个公司可以购买全国的1成,这完全归功于当时经济联没有向我们伸出援助之手,如果那时经济联向我们提供米的话,我们就不会取得今天这样的成绩了。

不畏纷争,说真心话
——很后悔跟父亲发生争执

男女之间的关系据说是很复杂离奇的,父子之间其实也是如此。

大概亲子关系以外的人际关系里也存在着相似的地方吧。

下面稍微谈一谈我家里的一点私事。

在本书的开头我也提到,我和父亲的关系不和。父亲健在的时候惹得父亲很不开心,被他赶出了酒厂。

父亲去世后我非常后悔我们作为父子却没有把各自的想法互相说清楚。我想就是因为这个才使得我们之间的关系更加不和的吧。

结果父亲在我俩关系没得到和解的时候就去世了,作为父亲他是抱着连一个儿子都没能力教导的遗憾去了另一个世界。

父亲61岁去世,他的死因我感觉是像酒精中毒一样的慢性自杀。父亲完全不听医生的劝告,他去世后,在他的座位下面发现了好几个空酒瓶。

只是仔细想一想也完全可以理解父亲的苦恼。酒卖不出去,生意一年不如一年,连儿子也不能理解自己。明白了父亲当时的心境,我的心里感觉非常惭愧。

父亲太平洋战争后退伍回到酒厂,在经济复兴的高度增长期和社会风潮的推动下,顺利地经营着酒厂。但是从第1次石油危机的时候开始日本酒市场开始萎缩,酒的买卖由以前的"营业对战"变成"在市场中排斥其他公司"的激烈的价格竞争。

不仅事业上不断退步,在家庭里跟他的前妻也就是我的母亲关系不融洽,公与私的双重不幸交汇到了一起。而且他很担心我这个儿子,但是我又不听他的话,我想他大概很生气吧。现在想来,父亲也许是因为对我有点负疚,所以使得他的病情加重。

我自己一直认为"因为被父亲解雇了,所以离开了酒厂"。

但是听说父亲跟周围的人说:"我没解雇他,不知道为什么,他离开了酒厂。那家伙是临阵脱逃。"

真的是非常抱歉。现在还不由地会想起以前的很多误会。关于酒厂的经营我的确和父亲存在意见分歧,但是我离开酒厂后父亲还是经常为我担心。

为什么没有把我的心情和想法都告诉他呢?

也许说了会更让他不开心,也许最终他还是不理解我,但是我越来越后悔当时没跟他说。

正是有过以上经历,所以不论是在家里人之间,还是在对待员工和酒业界的人们,或者是在向上级反映情况的时候,我都不会害怕惹起风波,我认为**只要不会伤害别人,都要尽量说出真心话,这是很重要的**。

专栏

日本酒的分类

　　日本酒大致来说分为"纯米酒""大吟酿"等等,很多人弄不清楚日本酒的这些种类划分。日本酒以前按级别分为特级、1级、2级。1989年伴随着酒税法的修改,国税厅实行了特定名称制度,根据原料和制造方法把日本酒分成8种(下表)。特定名称的酒必须全部使用农产物检查法上规定的3等以上的玄米,还必须使用15%以上的白米来发酵成曲。

　　① 只使用米、曲和水,不添加酒精、糖类之类的东西酿造出来的酒叫"纯米酒"。

　　② 把由甘蔗等成分酿造蒸馏出来的酒精,添加上重量在10%以内的白米,精米步合在70%以下的酒叫"本酿造酒"。[一般来说,在酒醅里加入适量的酿造酒精可以提高酒的香味,入口清爽。另外,添加酒精能有效防止破坏酒的香味的乳酸菌(火落菌)的繁殖。]

　　③ ①的纯米酒和②的本酿造酒都是在低温下经过1个多月发

酵后的"吟酿造"。精米步合50%以下的叫"大吟酿"(纯米就叫纯米大吟酿),精米步合60%以下的叫"吟酿"(纯米就叫纯米吟酿)。没有像③那样进行吟酿造,精米步合60%以下,或者是用了特别的制作方法,就叫"特别纯米酒""特别本酿造酒"。

但是特定名称的标写很随意,没有规定必须要怎么标写,比如也有可能把"大吟酿"的酒写成"吟酿",标写名称的标准很宽松。

④ 不属于前面①～③特定名称酒的就是"普通酒","普通酒"大约占消费总量的7成,剩下的3成是①～③的特定名称酒。特定名称酒中,近年来②的本酿造酒的市场占有率一直下降,③纯米酒(包括吟酿和大吟酿)的市场占有率一直上升。

"獭祭"在2008年把所有精米步合不一样的商品都统一叫作"纯米大吟酿"。

在那之前,根据精米步合的不同作出了分类,"二割三分"和"三割九分"* 是纯米大吟酿,"45%"和"50%"是纯米吟酿。这对一般的人来说是很难分辨清楚的。我们经常被问到这样的问题:

"獭祭的所有酒应该都是精米步合50%以下的,纯米大吟酿和纯米吟酿有什么不一样?"

旭酒造有着比国税厅更严格的本公司自定标准,精米50%以下是纯米吟酿,40%以下是纯米大吟酿,但是这反而引起了混乱。因此,根据国税厅的基准(53页表),旭酒造把所有的酒统一叫作"纯米大吟酿"。

由于正好赶上日本酒开始不断增加海外出口量,酒名称的统

---

* 译注:即23%和39%。

一使得向国外人解释说明日本酒变得简单了。

近年来，720 ml 瓶装的 3 万日元的酒和旭酒造排名第一的"獭祭-精碾-磨之先及"都按普通酒在发售（详情参照第 5 章）。

"磨之先及"的精米步合是在"二割三分"以下，根据每年米的性状，精米步合有上下最多 2 个点的浮动。特定名称酒必须标出精米步合，所以每年不得不写上不同的数字，这样做很容易再次让顾客产生混乱。

几经犹豫，我下定决心把它们作为普通酒来卖，但是那两种酒非常好，和普通酒完全不在同一层次上！

日本酒的分类

精米步合 \ 使用原料	特定名称酒 ① 纯米酒	特定名称酒 ② 本酿造酒	④ 普通酒
	米、米曲	米、米曲，白米占总重量 10% 以内的酿造酒精	米、米曲，白米占总重量 10% 以上的酿造酒精，其他原料
无规定	纯米酒		
70% 以下	纯米酒	本酿造酒	
60% 以下	③′ 特别纯米酒	③′ 特别本酿造酒 普通酒	
	③ 纯米吟酿酒*	③ 吟酿酒*	
50% 以下	③ 纯米大吟酿*	③ 大吟酿酒*	

＊"獭祭"也可以分类为"吟酿酒"。

第三章

拥有断舍离的勇气

用耳目一新的"外观"来展现好品质
——老品牌名"旭酒造"统一改成新品牌名"獭祭"

新品牌名叫獭之祭,也就是"獭祭"。

是在1990年那一年把"獭祭"定为新品牌名。

开始正式进入东京市场成为我们更换品牌名的好时机。虽然酒的精米步合的比率不尽相同,我们把旭酒造所有酒都统一称为"獭祭"。

起初被人嘲笑说这个名字很难读,而且名字的读音很奇怪,发音跟词语"土里土气"很接近。但是正如本书开头"前言"里提到的,现在这个名字出人意料地招人喜欢。

在过去的很长时间里,旭酒造的主力品牌一直是"旭富士",在刚开始进入东京的时候也是用的这个名字。但是这个名字给人的印象很淡,而且在提到"旭富士"的瞬间,会让人很容易联想到在批发和零售店里作为"岩国4番手"的失败酒厂的负面形象。

因此,作为面向东京的产品,我想应该用一个新品牌名,这个名字既质朴又能反映出酒的质量优良,于是我就想到了这个名字。

所谓的獭祭,本来是指打开书本和参考资料反复研读书里内容的一种极其高雅的形象。因为这个形象很容易让人想起把捕捉到的鱼排列在河岸上的獭的生活习性。

此外,明治时期为日本文学发起革命的正冈子规有一个别号叫"獭祭书屋主人"。他年轻的时候因病卧床不起,就把日常生活用品摆在伸出手就可以够得着的地方,据说他是把这样生活的自己比作"獭"才起的这个号。

我被这个名字吸引也是因为我跟子规的进取精神产生了共鸣。我把"用酿酒来创作梦想,开拓日本酒新时代"作为目标,不想只局限于传统和手工制作,想通过新的变革酿造出更好的酒。正因为如此,我想效仿子规的革新性,所以起这个名字也表明了我的这个决心。

而且,"獭"这个字,与旭酒造所在的"獭越"这个地名中的一个字相同。据说这个地名来自"川上村有个老獭,诱骗孩子一直追赶到我们村"(出处:地下上申)这个典故。总之这个字不好读。大约35年前,我在群马县高崎绕城公路上因为超速行驶,被骑着白摩托的警察拦下检查我的驾驶证,他看了我的驾驶证,问我:"这个,怎么读?"

从那时开始我就一直想着要用"獭"这个字。

在酒的品牌里用上这个字,既可以让人感觉到这个酒与当地的关联,也可以让大家在看到这个字的瞬间就会想"读成什么?",

不由地引起大家的注意。

我在酒的标签制作上也费了很大心思。

标签上的"獭祭"两个字出自山口县出身的书法家山本一游之手。

当时贴在酒瓶上的标签一般都是由大阪或金泽的标签专业公司来设计,所以所有日本酒标签上的字和图案的设计都很相似。为了避免出现这种相似的情况,我们先请山本先生给我们书写,然后再经过精心设计,做成了今天这样的标签。

现在我们还一直和广告代理大公司里的知名创作人保持着联系,每次我们都是这样来拜托他:"不用帮我们设计具有您独特特点的标签,请帮我们把可笑的地方修改一下。"

总而言之,舍弃无用、追求简单的结果才造就了今天的这个标签。

新的品牌名定下来之后,"旭富士"的老名字说实话并不是轻而易举就可以把它彻底扔掉的。后来即便很少有人会问"旭富士还有吗?"我们还是把旭富士继续作为当地普通酒销售了一段时间。

我在别人眼里有时还算得上是个很理智的人,而我对旭富士却恋恋不舍,没法做到理智,因为旭富士是祖辈传下来的,光我自己就靠着它生活了40多年。除非"有顾客对我说不需要",否则我无论如何也不能武断决定停止酿造旭富士。

进入21世纪之后,当地的酒铺不断被全国性经营的24小时便利店代替,受其影响旭酒造交易减少,销售额急剧下降。最后1年的销售额只有300瓶(按1升瓶换算),其成本超过了纯米大吟酿,收支完全失衡。

由于情况糟糕之极,我终于下定决心放弃"旭富士",专心酿造"獭祭"。

现如今有很多人虽然不知道旭酒造这个公司名,但是都听说过"獭祭"这个品牌。所以当时能够下定决心更换酒的名字真是做得太英明了。

而且最近还有人向我提议:"你们在海外的名声也很好,索性把公司的名字也改成獭祭吧。"

实际上 2013 年在法国成立的分公司就叫"獭祭·法国"(Dassai France)。但由于我对旭酒造的执着与迷恋,无论如何也下不了决心去更改总公司的名字。

大概在我这一代是不会更换公司的名字了——目前我是这么想的。

把"经验和直觉"数字图标化

——不是由杜氏,而是由员工来完成的科学酿酒

酒是由氧气和酵母这两种生物在一起发生作用酿造出来的。

这两种生物至关重要,所以需要合适的水分和温度条件。如果采用老式的依靠杜氏的经验和直觉来制作,因为有人的参与,很可能会根据情况作适当调整。

产品的好坏且不说,但一定会酿造出像样的酒来。由被称为老妇人的家庭主妇来酿酒的神话时代就已经在开始积累这样的酿

酒经验,大概是由于这个缘故,这种酿酒方式往往允许酒的质量上下波动。

旭酒造既然选择不招聘杜氏,那么酿造的酒就必须要比有杜氏的时候更好。因此为了方便外行人酿酒,我们导入了全套的数字管理(具体的程序,参照卷末资料)。

例如,洗米的时候。

老式洗米方法,会在洗米过程中看到透明的米中心部分乳白色的"眼",通过这个可以判断出米的水分含有量。这是很理所当然的洗米方式,但是这样得出的判断结果,每次都会有出入。所以旭酒造决定用重量来计算水分含有量,就是在几度的水里泡几分钟后会增加几公斤。

最近,1次平均洗15公斤的米,1次是17.5公斤还是18公斤,在0.1%的范围内作适当调整。洗的多的时候1天一共洗5吨,每天都洗,这样渐渐就能大体掌握到最理想的数值。

在做酒醪的工序中,有的杜氏通常只是每隔3天测一下日本酒度和酒精度数,从下料到压榨的全过程中不使用工具也不作任何分析。但是在旭酒造每天都测量分析日本酒度、酒精度数、氨基酸度、葡萄糖浓度和投入的曲的阿尔法淀粉酶(分解米的构造的液化酶)、葡萄糖定粉酶(把被阿尔法淀粉酶分解的淀粉转化为葡萄糖的糖化酶),然后根据分析结果决定第二天的时间和温度该怎么安排。

旭酒造1年中下料达到700桶,这是杜氏一生的下料量,我们就这样在前辈们得出的教科书数字的基础上根据自身经验又掌握了很多数字。"四季酿造"是全年都需要进行下料,在下料过程中也掌握了一些新数字,这些将在第5章作详细介绍。

另一方面,在下料量很大的情形下,我们没有追逐潮流使用机器,而是用手工来完成洗米和曲箱作业,这是因为我们觉得这些工序用机器完成还有难度。我们并不是喜欢手工制作,这样做是因为我们定下了"即便我们是外行人,也想经过严格管理把所有的酒酿造得跟鉴评会上展出的酒一样"的目标。

如果机器能够保证酒的质量不会有波动,喜欢减少程序的旭酒造一定马上就会去使用机器。

但如今的现状是,即便使用机器洗米,也很难应对水分含有量的微妙管理。酿造吟酿酒,水分含量多的时候误差也要控制在1%以内,温度的误差控制在0.2%度以内。我们手头的机器现在还无法进行这样的控制,如果交给机器来完成的话,据说会出现3%和3度左右的误差。

即便存在着这样的误差,机器依然能酿造出令人满意的产品,能攻克这一误差的公司当然就成了大企业。

这个特点通过我们曾经酿造过的啤酒就完全可以看明白。

啤酒真不愧是西方酒,无论它的原料和发酵状态如何,即使把它强制设定到适当的温度,它也能酿造出很好的啤酒来。

日本酒无论如何也达不到这个境界,不小心谨慎管理的话,就不可能酿出好酒。

这个特点并不能说明哪种酒好,不过至少可以看出日本酒不适合大量生产。

如今我们是在竭尽全力使用最好的酿造方法,所以当用于下料的米和酒醅没有达到目标数值的时候,还是能找出解决办法的。

另外,我们已经建立了由员工来酿酒的生产体制,所以大清早和休息日都不作业,而且使用机器能够得到放松的地方我们也尽量做到放松。

我们酿酒不是为了追求大和精神与个人的繁重体力劳动,我们的目标是轻松随意地完成每天定好的工作,然后酿出最高品质的酒。

不受历史束缚

——为提高质量扩大生产设备

为了应对近年来需求量的增加,酒厂一直在进行增、改、建,这是非常令人欣慰的事。近几年来,每年销售额以超过前一年150%的速度在增加,因此扩大生产设备成为当务之急。

2010年和2012年分别完成了1号厂和2号厂的建设,现在正在改建总厂,预定2015年完工。

总厂计划将建成面积1万1500平方米的12层高楼。总厂的生产能力3万2000石(5 760 kl),加上1号厂和2号厂,旭酒造的总生产能力预计将扩大到5万石(9 000 kl)。

总厂和已建成的1号厂以及2号厂一样,都具备非常适合酿酒的环境。员工们技术熟练,生产设备完善,不断提高"獭祭"的质量是我们一直追求的目标。

"什么呀,旭酒造也最终没能经受住大量生产和大量贩卖的诱惑啊"

有人这样嘲笑我们。还有人批判我们说,旭酒造的老总厂是有着230年历史的建筑,被改建了有多可惜啊。

但是,我们永远都是"山口的深山里的小酒厂"。对我们来说,顾客所说的"啊,真好喝!"就是一切,我们今后还将继续为此努力,做个地地道道的"獭祭"。

1号厂增建了一个不到3 000平方米的4层楼高的酿造酒库。增建这个与小酒厂规模不太相称的酒库是有原因的。

首先,旭酒造只酿造纯米大吟酿,每桶的下料规模很小。我们没有购买占地小、所需人力成本低的大桶,而是在酒厂摆了很多用于下料白米的750~1 500 kg的小桶,很占地方。

从理论上来看,吟酿酒也应该能够进行大规模下料,但在实际操作中却很难做得到。至少敝公司的技术水平还无法进行大规模下料,所以按照我们的生产能力就不得不建一个大厂。

此外,凄凉的山村找不到多余的土地,所以只有把酒厂的建筑往纵向发展。我们一般认为人烟稀少的地方会有很多土地,而实际上是因为没有土地,人口增加不了才变得人口稀少,所以没有多出来的闲着的土地。

平房不需要电梯和楼梯,非常宽敞,可利用的面积很大,非常适合酿酒。但是由于土地的限制,我们所有的酒厂都不得不设计成高层建筑。

连本应该建在酒厂里的精米工厂,都因为没有土地而只能建在离酒厂6公里多远的周东町中心地区。其占地面积大概有3 000多平方米,周东町的老百姓们对我们有很大的误解,他们甚至说:"终于从深山里跑到我们小镇来建酒厂了。"

在酒厂的增、改、建过程中,我们为了确保土地和设计费尽了心思,没想到那天去新改建的1号厂3楼的器具间竟看到了令人懊恼的情景。

听说机器都搬完了,所以我特意去了一趟,看见后辈们正在小心地搬着器具间里以前用过的不值钱的东西。

我一个个拿起来仔细端详,发现都是"也许今后30年会用1次的东西""已经坏了绝对不会用的东西"。

把这些处理完之后器具间看上去感觉有先前的1.5倍宽敞。

我想到底是为了什么才去改建呢!

"你是博物馆馆长吗?"我不由自主地批评了器具间负责人一句。

1号厂、2号厂和精米工厂,加上这次总厂的增、改、建,一共大概花费了50多亿日元。想到以前为筹措资金费尽周折,现在能有这样的投资余力,真是感慨万千。

只是社长用的车暂时与旧车(二手车)车断不了缘分,不舍得换新车。也许一生都不可能换新车了。

这没有关系,因为酒厂才是我的至爱。

设备更新了也不会忘记曾经的辛劳

——前人栽树,后人乘凉

2007年(平成19年)增、改、建1号厂的时候,开始着手拆毁老的下料工厂。那幢建筑是1975年(昭和50年)担任前社长的父亲建成的钢筋混凝土结构的平房,有一小部分是2层结构。

工人们第一步首先是拆卸电器,看到他们拆卸的情景我思绪万千。

1975年的酿造年度(1975年7月~1976年6月)是日本酒历史上卖得最好的一年。现在销售额降到300万石的日本酒据说在那年创造了950万石的记录,甚至1 000万石都不再是梦想。当然父亲建的这个酒厂也是采用普通酒专用的大型下料方式,这种方式带有很强的催促人"快去快去,抓紧抓紧"的感觉。

在第1章里我也提到过,1984年我在父亲去世后接任了酒厂,那时候日本酒在全国的销售额已经下滑。旭酒造的状况极其糟糕,我们是在跟邻近的酒厂竞争中唯一遭到失败的酒厂,销售额比1975年下降了60%,比前一年也下降了15%。

当然收益与支出的决算也是糟糕透顶,看着还比较新的下料藏和实质债务超出决算书我非常恨父亲,心想:"为什么要建这么愚蠢的房子呢?不花这笔钱不就不欠债了吗?"

但是无论你怎么恨死去的人也是解决不了问题。

我让停业的酒厂把可以用来下料的小桶以低价转让给我,我把它装进自己开来的卡车里运回来,用它替换了以前用的大桶,然后我再在桶的周围围上像围裙一样的东西用来放冰,以起到降温的作用。像冰蓄热槽这样的设备当时买一个就会超过旭酒造一年的设备投资额,我们就这样一边投资超过我们自身能力的大型设备,一边对酒厂进行各种改造。

实际上那段时间在筹措经费上最费心思。每月月末都是惊险的走钢丝状态。设备投资费、人事费等等,公司的经费像水一样往外流去。现在每当妻子提到当时的那些事我就会不由地缩起脖子。

我们一边投资着设备和没有着落的人才,一边和钢筋混凝土结构的下料藏一起度过了令人痛心的十几年。

痛苦的时期总算熬过去了,回过神来才发现我们的小型下料桶已经齐备,每个桶边都配上了冷却装置,完全具备了一个酒厂应有的样子。

销售额开始增加,不是由杜氏而是由员工来下料的体制也稳定了下来,正当一切都开始进展顺利的时候,又发生了下面这件事。

由于销售额增加,于是我们就想着要增加下料量,这就是在此时发生的事。由于我们特意把生产效率高的大型下料桶换成了好着手的小型下料桶,所以我们无法恢复以前只在冬季才下料的方式。

结果我们只有在下料期间把前后时间延长。为了使春秋季温度高的时候能够下料,如何使下料藏的温度维持低温成为我们的一大课题。

那次为了确认下料藏内温度,我问相识的电器店老板是不是没有好方法维持藏内低温,"哎?这个冷气设备可以降到5度。"

万万没想到用在夏季贮藏室里作为空调用的冷气设备可以降到当时设定的温度以下。当然由于房子不隔热,所以当外温超过20度的情况下是很难做到的,而当外温在20度以下的时候,如果不介意电费,藏内是可以保持在5度左右的。

我是在父亲去世后突然从外面跑回来就任的社长,所以对个别设备的功能和使用方法都是按照负责人的说法去做的。有些罕见的功能从来没有启用过或者是没有完全派上用场。

从那以后,一泻千里。

第二年首先在酿造大吟酿的发酵室里喷上隔热用的发泡苯乙烯做成简易的冷藏下料室,然后继续升级,在第三年里建造了主发酵室,在第四年建造了酒母室。在这段时间里我们还购买了最新的冷却设备,所以下料藏虽然外观看上去比较简朴,但是它的功能和最新型的冷藏下料藏相比一点都不逊色。

一位业内人士这样挖苦我们。

"你们酒厂就跟被隔断了外界空气的要塞一样,有钱的酒厂是不会这样的。"

实际上就如同在百元店和家庭用品店买东西主要是为了使用一样,我这个外行把这个作为宗旨并反复多次改建了下料藏,听到这话我觉得很不好意思。

现在想来,在我最痛苦的时候恰恰是令人可恨的下料藏救了我。

"把老下料藏的墙壁、屋顶拆下来安装在新下料藏上,怎么样?"听了这个提议后,我很快就去找工程负责人商量。

"可以啊,正好作为历史保存下来。"他欣然地答应了。

突然间我不由地想起二十多年以来和下料藏一起奋斗的岁月,脑子里不自觉地涌现出很多往事。因为不想被他看见我当时的表情,我急忙离开了那里。

看到仓库被拆卸以后显露出来的后门的小路和水沟,我感到非常惊讶和愕然:"好难看呀!"在这个凄凉的仓库里有着我当年想尽办法筹措资金安装的一些设备,虽然那时候酒根本卖不出去,县里甚至有人谣传说:"旭酒造的酒总归是要停止生产的。"

"在销售额低迷的情况下,我做得真是太好了!"我非常想这样来表扬自己的执着,同时我又不停地反省"最终是因为我的梦想和计划占了上风,促使我没把筹措资金放在眼里才能做得这么好"(银行工作人员请不要读这句话)。

第四章

不能混淆"能做的事"和"应该做的事"

应该让商品走王道，轻易不要动摇
——追求受大家欢迎的品质

在前面我已经提到过旭酒造以前在当地的山口县一直竞争不过大酒厂和当地势力强的酒厂，所以才选择了打入东京市场。这是理所当然的结果还是有自知之明呢？总之，我切身感受到在狭小的地方市场竞争中，我们酒厂是不可能取胜的。

那么打入以东京为首的国内大消费市场之后的下一步呢？

进入海外市场。一般来说都会这么想。

不管你乐意还是不乐意，酒饮料世界也在向国际化发展。

发源于海外的葡萄酒、威士忌、啤酒，就好像理所当然的一样，毫无疑义地来到了日本。所以如果只想着在日本国内市场销售日本酒，那么我们只能坐以待毙，不可能进入国际市场。

无论是从全体酒业界还是只从敝公司来看，我觉得把目标定为向未开拓的海外大市场出口产品是理所当然的选择。

我们的酒现在大约出口到20个国家,销售额最大的当然是美国。其中美国大城市纽约是我们最大的目标。

但是,纽约看上去受法国的影响很深远。例如纽约的高级餐馆里据说如果没有法国人或者是没有说着有法国味道英语的美国人,那么就不会受欢迎。我去约翰·乔治、布列这些在日本也很有名的餐馆实地看了一下,发现员工清一色都是法国人。

由此看出,为了攻占纽约,首先巴黎这个市场是很重要的。于是旭酒造拟定了以纽约和巴黎为主要出口市场的战略计划。以前对啤酒公司来说,慕尼黑、札幌和米尔沃兹是3个重要城市,而对旭酒造来说东京、巴黎和纽约是世界上最重要的3个市场。

那么向他们出口什么样的酒呢?基本原则是跟在日本市场上卖出的酒完全一样。也就是向他们出口在日本畅销的酒。

我们的目标是把"在日本获得成功""日本人觉得好喝"的酒不经过任何加工出口到欧美去,让欧美人也能理解和接受日本酒。因为加工过的酒虽然一时畅销但不会维持很久,这对日本酒业界来说也决不是好事。

我们在海外不是做跟葡萄酒相似的酒,也不是做酸酸甜甜的酒,我们销售的酒是我们坚信一定是质量上乘、会让海外顾客心服口服去接受的酒。同时为了能让海外顾客了解日本酒,我们还会向他们详细说明"什么是日本酒?""日本酒好喝在哪里?"诸如此类的有关日本酒的基本知识。

特别是在欧美国家,因为日本酒和葡萄酒都是酿造酒,所以大家往往会把两者作对比,所以我们也不能逃避对比说明这两种酒。

葡萄酒和日本酒的差异在哪里?

那么,日本酒和普通酒在哪里不一样呢?

首先,葡萄酒的原料葡萄不适合远距离运输,所以需要重视酿造场所和田地之间的距离。而日本酒真的可以说优质米的产地和酒厂的位置远近没有任何关联。

还有,在熟化这一点上和葡萄酒也不一样。例如做牛排的时候,把肉卸下来以后如果不冷藏几个星期熟化一下,氨基酸的组成就不能优化。河豚也一样,切好后马上就烹饪的确是不好吃,尽量先放置几个小时。日本酒同样也需要熟化,但是比葡萄酒的熟化时间短的多。

如同葡萄酒的价值不能用日本酒的价值来估算一样,也不能用葡萄酒的价值观来评价日本酒。在此前提下,我们的目标是让日本酒在欧美市场被大家了解,能够和葡萄酒一样得到同等注意,受到同等尊敬。

为了让不同文化氛围中的人们喜欢上日本酒,这点是很重要的,不能有让步的,这是让日本酒得到认可的关键。我好不容易才明白了这个道理。

我想这种在与异文化冲突中的锤炼对日本酒的成长是很有必要的。葡萄酒正是在几百年的经验积累中不断得到锤炼,才有了今天这样的蓬勃发展。

这种锤炼使日本酒为了出口增加了酿造数量,稳定和提高了日本酒的质量,同时对日本国内的顾客来说也是很大的礼物。

如果我们只停留在日本国内市场的话,也许就需要去迎合那些批评意见,即我们应该有跟葡萄酒一样的酿造环境。我们只能使用离酒厂半径3公里的田地里种出来的稻米,我们的理想就是生产出像绍兴酒那样需要熟化的酒,我们酿造出来的是跟现在的"獭祭"酒完全不一样的酒。

我们现在的目标是"巨人·大鹏·煎鸡蛋"。

这是个很令人怀念的比喻。巨人是指那个棒球王子所在的最强的长岛职业棒球队;大鹏是昭和时代的大横纲;煎鸡蛋众所周知是大家都喜欢吃的,我们孩提时代的美食。这三个都很出众,大家都非常喜欢。

也有人嘲笑我们这是典型的幼儿级兴趣和迎合主义。

正因为他们太优秀了,大家会说:"跟巨人相比,我更喜欢○○""跟大鹏相比,我更喜欢最前面的○○山"。这些话听上去是不是有点像行家在显摆呢?

同样"獭祭"所追求的美味目标就是能让一部分人非常放心地说:"我知道有比獭祭更好的酒""獭祭酒很好,就是太过于优秀了"。

从只有700石的普通酒酒厂到发展成为只酿造纯米大吟酿且产量是原先拥有10倍以上,超过1万石的酒厂,这离不开一直在支持我们的各位和日本社会,相信我们的这个目标正是对他们的回报。

不被一时的潮流摆弄

——在《矛×盾》节目举行的比赛中获胜，
但是却暴露出酒厂的不成熟

我们参加了 2011 年（平成 23 年）12 月 19 日富士电视台放映的对决型综艺节目《矛×盾》。这个当年的人气节目是在星期日的黄金时间播出的，看过的人可能不少吧。

我简单介绍一下节目内容。三菱丽阳公司生产的最新过滤净水器，能把所有的水转化为美味可口的水。我作为能分辨出水的酿酒匠人，从装有四杯"天然水"和 1 杯"过滤水"的 5 个杯子中猜哪杯是"过滤水"。节目就是这种"辨别水"的竞猜活动。对决是在丰桥的三菱丽阳工厂（没想到占地总面积竟有 37 万平方米！！）举行。可以说是单枪匹马地冲入敌人阵地录制节目。

"厉害，节目里很帅啊！"

这是我刚看完节目以后的感想。这是因为惊慌失措的镜头都被剪去了，所以在节目里我看上去是个很有自信的酒厂老板。除去那些在允许范围内的剪辑，至少那次节目是我非常认真地在录制比赛。我的对手是大三菱集团的大企业，他们不可能同意节目组安排他们在节目里扮演"输"的角色的。

实际上在岩国的酒厂是录制 3 天，每隔 1 周去丰桥的三菱丽阳工厂的会场录制 1 天，那段时间晚上都无法入睡。

公司里听到有人在说："如果输了该怎么办？"而我真心想对他们说："这次我是接了一件很糟糕的活。"就连被称为"天才料理人"，我非常尊敬的一位熟人也跟我说："哎？你去参加那个？他们也来问我是不是能分辨出○○和○○,我拒绝了。不过你是很有信心的。"我听了简直愣住了。

接着就是正式录制的那一天。对决的时候我注意力出奇地集中,一点都不紧张。

结果正如大家在电视上所看到的,我猜出来了。我终于松了口气。

天然水和过滤水之间基本没什么差别,只是过滤水的香味里带着一点涩涩的感觉。大概是因为过滤水把水里的杂质去除得太干净才使得我能感受到原水的缺点吧。还有那4杯天然水当然也是非常棒的水。

下面进入正题。

登上电视的反响之大出乎想象。

敝公司网页的主页从播放这个节目开始有段时间处于瘫痪状态。大概是看的人太多了吧。谷歌的检索词汇中"獭祭"排名升到了第8位,微博上也成为大家讨论的话题。据负责人说网上的反响非常大。

我也亲耳听到了各方人士的很多说法。我的一个熟人的夫人说:"那个人经常跟我丈夫一起喝酒到很晚,没想到竟然是'獭祭'的老板?!"这话让我不得不深刻反省平时的不良行为。

稍微严肃一点来谈在电视里出镜的好处,那就是让我们体会到我们酿酒"不是只有数字的枯燥世界"。

不要忘记酿酒中还有很多用理论不能完全解释清楚的领域。**但是我们不能就这样轻易放弃,挑战这个神圣的世界正是我们的使命**。在旭酒造的酿酒过程中我们时常把以下几件事铭记于心。

第四章　不能混淆"能做的事"和"应该做的事"

在酿酒中我们没有继续沿用"杜氏的直觉和经验",能落实到数字上的都使用数字,理论能分析的就用理论来分析,只能由人来操作的事就交给人来作出判断(对负责人来说这个是逃避不了的,所以是最头痛的)。我觉得这次的电视节目展现出了旭酒造在酿酒上的一些想法。

当然造酒界在"辨别味道和香味"方面有人远比我厉害。光是在山口县内就有很多,在品酒锦标赛上获得全国第一的"五桥"的酒井酒造的酒井佑社长、"初红叶"的原田康宏社长。他们只是偶尔跟我搭过话。除了他们之外还有很厉害的"人物"。

一时需求激增使酒厂陷入大恐慌

另外也引起了不好的状况。这是非常深刻的教训。在辨别水的竞赛中获胜了,但是在节目播出后马上就到来的新年里真是感觉充满了失败感。

酒厂的进展非常不顺利。我们自己是想变成"闪闪发光"的有亮点的旭酒造,而实际上我们所呈现出来的只是一个非常"普通"的酒厂。

《矛×盾》节目播出以后,我们没有表现出真正的旭酒造的样子。

具体来说就是我们没能把酒按时送到一如既往支持我们旭酒造的"獭祭"粉丝们的手里。

在节目播放前,我们公司应该做的是非常到位的。与那些看了电视之后想买我们酒的顾客相比,更要重视我们一直以来的常

55

客,我们非常简单地以为只要能做到这点就没问题了。但是从播放这个节目开始就出问题了,在刮起脱销风暴的同时,酒的上市时间也没了定数。

雪上加霜的是,有个酒桶的"精酿-二割三分"的质量没达标,所以就停止了酿造。更糟糕的是这个酒桶的酒和其他酿造上没问题的"二割三分"酒桶里的酒混到了一起,影响一下子加倍。"二割三分"酒的上市受挫使得装瓶延误,上市预定完全打乱。

确实当时接到的订单远远超过前一年,在酒的酿造上又碰到了前面提到的各种不利条件,但是这些都不能成为我们为自己辩解的理由。

而且我们陷入了本来想极力避免的"声音叫的大的客户被优先考虑,有绅士风度的不吭声的客户反而吃亏"的状态。那些绅士般默默等待我们的重要客户,他们在我们销路不畅的时候就一直在支持我们。所以也就是说,我们给他们添了麻烦。

还有,由于我们过于讲究"顺序"和"公平",仓库里虽然有库存但是却等到所有订购的酒备齐了才开始发货,这种很官僚的做法非常不像旭酒造。酒的酿造部门也是"当一天和尚撞一天钟",完全没能认真地去对待酒厂出现的危机。

由于起初忽视了这些问题,等发现的时候就已经延误了,不过我们还是采取了补救措施。对在这段时间里感到不便的客户和顾客,我们深深地表示歉意。

这个时候我们再次确认了酒厂的发展方向。旭酒造追求的道路就是尽量把好原料(山田锦)精白到50%以下,尽量拥有很多优秀员工(大概是条件相同的酒厂的几倍人数),毫不懈怠地酿造酒

（纯米大吟酿造），然后再把酒销售给了解"獭祭"的客户。不会为了品牌化特意让产品处于缺货状态，不会为了一部分有名的客户和品评会酿造特制的酒，我们要提高的是一般民众随意就可买到的"獭祭"的品质，所以我们希望购买我们酒的是了解我们酒的优点的普通顾客。因为我们是在那些喝了"獭祭"酒后不由地说"啊，真好喝！"的"普通"顾客支持下才有了今天这样的发展。

但是《矛×盾》节目播出以后，因为受到大家的极力欢迎，酒厂飘飘然起来，甚至手舞足蹈地兴奋过了头。

酒厂没有踏踏实实地去通过勤奋努力来发展自己，而是抛开努力去依靠"白马骑士"，态度还傲慢至极，令人生厌。

"白马骑士"是那位把吟酿酒让世人知晓的篠田次郎老师经常用来打比喻引以为戒的东西，它是指在国税局主办的鉴评会上获得金奖之后，一下子会出现全国的酒铺都涌过来定酒的现象。有些酒厂为了实现这个梦想不再去关注市场上出售的酒的质量，只把获得金奖作为目的。也就是说不去改变酒厂本身的现状，而是梦想着有一天"白马骑士"出现在自家酒厂门前，然后"酒就会卖得非常畅销"。甚至有的酒厂是从其他酒厂买来酒拿到鉴评会上来展览。

难道我迄今为止所要追求的酒厂就是如此陈旧腐朽的样子吗？此时此刻我难过至极，觉得自己太可悲了。我发誓努力让旭酒造再次回到原点，最大的目标是把更好的酒送到顾客的手里。

投资是智慧和思考的结晶
——新投资占到销售额的一成

我年轻的时候就很喜欢车。

旭酒造是2000年开始只由员工们来酿酒的,在那前后我这个社长用的是1 600 CC的丰田轿车。作为我忠实的代步工具,在10年间大约跑了25万多公里的路程。车顶的涂漆开始脱落,在夏天来临之前空调又坏了。

日本在酷暑的日子里没有空调,那熬起来真的很痛苦。

"男人真是个无可救药的浪费家,买了那么多奇怪的酿酒机器,本来可以在自己家酒厂里喝酒,却非要花高价钱去别的地方喝。"所以妻子认为如果把决定权交给男人的话,酒厂可能一个月都维持不了(相当正确)。"赶快换辆车吧!"听到妻子这么令人感动的话语,我终于开始去寻找下一辆车了。

找车是很烦人的一件事。

首先,好不容易要买辆车,所以很想买辆自己中意的车。没钱所以不能买价钱高的车。但是我又有虚荣心。

我觉得车贵未必就好,重要的是要适合自己。这也不行,那也不行,我犹豫不决。"好!下个星期日去销售市场看一下!"好不容易我才作出了这个决定。我躺在床上想着想着就睡着了。第二天担任酒厂财会的妻子拿来今后5年的资金安排计划表。

嗯,做得非常好。

当然了。因为写得非常理想化。

按照预算,每年的财政状况都会有改善!

我盯着……看着,目瞪口呆。

"喂!这项里面没把设备投资额算进去"

"你说什么?你觉得究竟什么地方有钱?!"

听到妻子气呼呼的话,我一下子全身没了力气。

不管如何,没钱投资设备,酒厂就不可能存在,更不要说将来了。

简单想一下,更换发酵室的隔热材料,酒母室的恒温化,改造曲室和设置控制器,改造瓶加热机,构筑能及时在公司内外看到酒醪和曲品温的信息系统,增设大吟酿的下料酒桶,增强使远心分离机能够 24 小时运转的周边机器,等等。光这些 1 年内想入手的设备就需要好几千万日元。还有,培养人才也需要钱。

当然我自己也知道没钱,所以当时我是不到中小企业诊断士那里去的。因为去了他们也只会跟我说"投资过大""人员过剩""原材料费用过多",都是由市场行情来决定的。

仔细看了一遍资金安排预测表之后我对妻子说:"嗯……新车还是算了。"

本来就筹措不到买一辆新车的钱,个人收入和酒厂的开支暂且不说,酒厂如果没有了资金来源,最省事的就是依靠我自己的钱。提高酒的质量是无止境的,所以决定把每年销售额的 1 成用于设备投资,其他的就想了很多办法熬过来。

我并没在员工面前说不买新车,大概是他们察觉到的吧,我和妻子说了那话以后,那天我正在测试新安装的曲水分计测器,一个员工走过来跟我那打招呼说:"社长的新车又泡汤了……"

不改变自己确信的"优点",注重传达方式

——向讲究民族个性的意大利人学习

我刚提到我喜欢车。

我这个社长用的车顶涂漆脱落的丰田车终于在行驶了26.8万公里的时候被换掉了。

非常不可思议的是我买新车的价钱跟行驶过的车程的数字一样,我用26.8万日元买了辆意大利的阿尔法罗密欧164 L。买了这辆车以后我一直觉得就像是在拍电视剧中事先约定好的场景一样。

顺便提一下,我在开丰田车之前用的是意大利的玛莎拉蒂车,我很喜欢意大利车,但我并没奢望它能像日本车那么耐用。

只是那天偶然间心情好,没有抵挡住一种无法形容的感觉。而且那辆车的外观很出众。虽然没有德国车好,也远落后于日本车,但是坐上去感觉很舒服。

一次在意大利的汽车设计师内田盾男投稿的杂志NAVI中读到一篇报道,其中有一段印象非常深刻。

"意大利人不太精打细算,所以当他们想让做出来的工业产品不输给别人的时候往往会忽视核算。(中略)但实际上这个做事冒失的特点不正是他们生产出富有创意性产品的原动力吗?"

那一段的主旨就是这样的。

有让我点头表示同意的地方。

说实话,我也对公司里的生产部门说不用考虑费用与效果的比率(成本实效),尽其所能地向前进展。**在我说"费用与效果的比**

率"的瞬间就意味着到这种程度就可以了。

例如用最高级的酒米山田锦精米步合 50% 做的酒，装到木箱子里的市场价大概 5 千～1 万日元左右，而"獭祭-精磨-50"是 2 850日元。但是不要觉得 2 850 日元就心满意足了，同等级别的酒我们不能输给其他酒厂。如果不去追求质量就无法保证员工们的干劲。

我们在研发定价 3 万多日元的"獭祭-精碾-磨之先及"的时候也依然是这种想法。酒的质量在刚研发的时候一般会飞速提高，之后只能一点点地往上升。即使是那么一点点我们也必须要追上去。所以可以很自信地说我们提供的所有"獭祭"酒都是绝对超值的。

开意大利车还强烈地感觉到意大利人非常自信。他们有把自己感触到的舒适直接应用到商品上的特性。

例如玛莎拉蒂车方向盘的位置。如果把座位和脚踏板的远近位置调到标准水平的话，我的手就够不到方向盘。这个车更适合胳膊生来就长的意大利人使用。

我们的国产车是绝对没有这种情况的。大家大概会先去调查出口地的市场行情，然后再生产适合当地特点的车。不仅如此，有时候还会生产不在日本出售，只销往美国或欧洲的日本车。相反也会生产像皇冠车这样只在日本国内出售，绝不销往海外的车。总之日本人把日本市场和国外市场明确地区分开来。

这一点毫无疑问地说明日本企业具有很灵活的市场应变能力。

但是这种做法让人感觉有点孤寂。

其实我们酒厂也有类似的经历。

在向海外市场扩展的过程中,各个市场反馈过来各种不同的意见。

例如在香港,"'獭祭'用北京话可以读,但是说粤语的香港人读不了。所以把酒的名字换成他们也能读的吧。"

在欧洲,"对欧洲人来说,现在的纯米吟酿酒太细腻品味不了。换一下酒质吧。"

类似这样的一些意见传入我们的耳朵。

对这些要求我们全部不接受。

"'獭祭'不管在哪里都必须是一样的。不管在什么地方喝到的'獭祭'都必须是同样的味道。"

因为我们的这个宗旨,在开拓海外市场时也碰到了进展不顺的情况。

"樱井先生,这些不是什么大不了的事。只要有利于销售,换一下好了。"

也有人跟向我们提出这样的建议。

但是我们不想换。

我们希望"獭祭",也就是旭酒造的酒不管在哪里喝到的味道都是一样的。我们不想改变我们觉得味道不错的酒的质量,也不想改变酒的种类。

因为有过这样的经历,所以我很喜欢意大利人重视自己民族个性的特点,我这样说也许是太不稳重了。

后来,26万8 000日元的阿尔法罗密欧车退役了。在那之后我还是没改变想法,现在开的是花90万日元买的二手的阿尔法罗密欧车。

员工看到我的车惊呆了,我毫不在乎,头也没转过去地对他们说:"我如果换了那种有钱人用的车,那就意味着公司要完了。"

第五章

不受常识和习惯限制

转换一下思维,把弱项变成强项?
——利用没有"冷卸"酒的特点转而上市"夏季下料"酒

炎热的夏天一进入9月就突然变凉。天气开始转凉的季节,喝点温和的日本酒可以使因夏季喝冰凉的饮料而感到倦怠的身体舒展开。

一到这个时期我们就开始在想:"终于到了喝日本酒的季节了""必须把那些喜欢喝啤酒的顾客们的注意力拉回到日本酒这边来。"

这个时期上市的酒自古以来就叫"冷卸",这种酒很有季节感,一直受到珍视。春天的时候用火炙烤(热杀菌),经过一个夏天熟化好的酒就可以直接上市,不需要再热杀菌(最近酒基本都采用瓶装,由于担心流通过程中酒质变差所以也有很多酒厂进行再次热加工。也有模仿老式酿造方法投入火里进行杀菌的"冷卸"。)。

正如刚才前面所提到的，最重要的是日本酒在秋风乍吹的时候会具有非常独特的美味。

但是……令人困惑的是一年四季都酿酒的旭酒造并没有可以称为"冷卸"的酒。

我们的四季酿造方式并不是把酒酿造好后放到春天，而是跟在鉴评会上展出的酒一样，在每瓶酒的最佳时间用烫瓶的方式来进行热杀菌，烫到熟化之后再放进可以保存 1 500 石（1 升瓶装的 15 万瓶）的冰箱里（根据酒的熟化程度，温度控制在零下 10 度到零上 5 度）。这种装进瓶子里的储存方式很费事，但这正是可以保证"獭祭"品质的一个重要因素。所以旭酒造夏天没有用酒桶来储存的酒。

结果，好不容易到了可以品尝美味的日本酒的季节，我们酒厂却没有特别值得被推荐拿出来喝的酒。所以，我们就想着要酿点什么酒。

我这个傻社长无意中冒出一句："那酒的名字就叫秋晴（初春质量暂未稳定下来的酒，到了秋天开始熟化）。"员工听了马上提醒我："社长，那两个名字是一回事。"当时的一幕令人非常难忘。

再三思考之后决定发挥四季酿造的优点，把在盛夏 7 月里下料的酒用"夏季下料-现酿"的名字上市销售。

以前我们酒厂在盛夏的时候是下料精米步合 50％的酒，现在我们下定决心下料在旭酒造酿造的酒里排名第 2 的精米步合 39％的纯米大吟酿。这样我们既可以挑战一下在盛夏里究竟可以酿造多少酒，也可以让顾客对我们酒厂酿造方式的优势留下深刻的印象。我们在每年的 9 月开始发售这种酒。

很多人对盛夏里下料酿酒会满怀怒气地睁大眼睛说："不像地道的当地酒！"认为只有冬季才能酿酒是受惯性思维的影响，因为以前酿酒技术和设备条件差，受到季节的限制。近年来人们还这样认为是因为主要从事农业的杜氏和员工夏季农忙的时候就会回到家乡干农活，他们的工作具有季节性；同时对酒厂来说，员工在冬季这个最适合酿酒的季节以外的季节回家乡，有利于控制人事费用的支出。也就是说冬季酿酒对劳资双方来说都是非常有利的。

确实与冬季相比，夏季下料会辛苦一些。不过四季酿造也有很多优点，可以正式雇用优秀的酿酒责任人，设备的使用率飞速提高使得成本降低。对此，我们旭酒造想堂堂正正地做一下说明，我们也正是适合这样去酿好酒。

追求超越"墨迹"的绝对价值

——为什么"磨之先及"是普通酒？

以前一提到"獭祭"就会说"只有纯米大吟酿"，但最近尽量避开这种说法，我们也在撤销网上主页里登载的记录。我们依然使用以前的技术，依然只生产纯米大吟酿，那么为什么要这么做呢？

因为我们酿造的酒出现了和酒税法上规定的标签书写标准不吻合的东西。旭酒造 3 万日元 720 ml 的最好的酒"獭祭-精酿-磨之先及"，实际上是按照普通酒来发售的。

这个酒是按"精碾-二割三分"的优质酒标准来酿造。质量上延续了"二割三分"的高雅品味,但是路线上稍微做了调整,特意开发成为"高雅而具有深度"的酒。因此就忽视了大家所期待的"把米精碾到二割三分以上"。

实际上我们的精米步合是在"二割三分"以下。这也是经过7年的试验,配合每年山田锦的收成情况精磨到的最大数值。根据每年米的性状,精米步合的数值会有变化。精磨年和非精磨年的精米步合大概在19%~21%之间变动,最大有2个点左右的差别。

说个题外话,2011—2012年"二割三分"的精米步合是21%。因为"二割三分"在路线上也是以酿造高雅而有深度的酒为目标,忽视了酒在标签上的标示。

比如,2011年夏天受高温的影响稻米变硬,酒有点辣味,所以很难达到"獭祭"追求的"甘醇"味,有时"纯米大吟酿-50"实际上是48%,"精碾-三割九分"实际上是37%。标签上的标示和实际数值出现了偏差。

"獭祭"的最终目标是让顾客喝了我们酿造的酒不由地赞叹"啊,真好喝!",为了实现这个目标,旭酒造当然会"想尽一切办法"。

下面进入正题。

按照国税厅通告上的规定,"纯米""本酿造"之类的有特定名称的酒在标签上必须标示精米步合。

实际上根据米的收成每年不得不更改精米步合,但是如果每年在标签上标示的数字不一样,会让顾客们感到混乱。把"精碾-磨之先及"定为"精碾-二割三分"以上有点冒失,所以为了方便我考虑过在标签上写23%,这是非常接近界限的数字,但如果实际数值不一样的话就让人感觉在挑战法律,心里会有忌讳。

因此,把"精碾-磨之先及"标签上的纯米大吟酿标示去掉之后这个酒当然就成了"普通酒"。

"并不是为了好卖才只生产纯米大吟酿。"

"因为想酿造好喝的酒,结果才变成了酿造纯米大吟酿。"

"'獭祭'卖得好是因为味道好,并不是因为有纯米大吟酿这个特定的名称。"

旭酒造对这些充满自信。

说一个稍微偏离中心的话题。关西酒厂发生的纯米大吟酿伪造事件,大致说来我感觉是"跟标示要求差一点点"的标签不知不觉中超越了界线才引起的。

话说得高大上,但其实我也就是个凡人,有着比常人更强的欲望,"往往最会任凭情况发展",所以我告诫自己必须提高警惕。

如今酒厂里从事酿酒工作的正式员工有 35 名,再加上发货和包装的临时工,是个一共有 100 名员工的大家庭。有时候在小集体里不会有问题的事到了大集体里就成了一个问题。

"这个好麻烦""这点事没问题"责任担当的这么一点点偷懒和失误都会导致大家开始工作怠慢甚至耍小聪明,然后这种风气很容易扩散到整个集体中。集体是个在一直运转的组织,所以它具有即使发现了小失误,也会想方设法隐瞒这种小失误来维持这个组织的力学功能。当然我这个社长惹出问题的可能性也不是零。

总之不要轻易地说绝对不会犯错!人一定会犯错的,我感觉以此为前提建立一个能尽早发现错误并迅速作出应对的机构是当务之急。

建立一个不需要拼命努力的组织机构

——对"少爱,长爱"产生的共鸣

针对会出现错误的组织机构,我来谈一谈为了建立能保证高品质的生产机构的一些想法。

You say, to me-wards your affection's strong;
Pray love me little, so you love me long.
Slowly goes far: the mean is best: desire,
Grown violent, does either die or tire.

(你说你要对我燃放似火般的热情,我希望你一点点地去爱我,长长久久地去爱我。慢慢地走,会走得很远。人生"适度"方才正好。)

"一点点地去爱我,长长久久地去爱我(love me little, love me long)"出自16—17世纪的圣职者兼诗人的罗伯特·海利库的诗歌。

没有诗歌素养的我出生在二战后的生育高峰期,大原丽子是我们这个年代的偶像演员,而我只记得她在三得利威士忌的电视广告中轻声细语说过的广告词,文章开头引用的那个诗歌就是广告词的原素材吧。

在包装材料等方面和我们有业务来往的北产业公司在2006年举办的公司成立90周年晚会上,社长喜多常夫发表了致辞。实际上这首诗我是从社长的致辞中引用来的。

这首诗很符合我当时的心境,所以给我留下了深刻的印象。

回想起来我感觉自己说了许多跟这首诗的相似意境的话。

比如"做个温和派吧""适度但很执着"。

"在极冷的酷寒天气下有气魄地工作""拼命""用精神力量去战胜"这样的一些说法我不喜欢,自己都觉得是在强词夺理。

"不用怒睁双眼拼着命去努力。每天把规定好的工作好好完成就可以了。"

我经常对员工们这样说。

为酿造优质酒准备好设备和技术环境是我这个社长的职责。我平时经常说:"在没做任何事先准备的恶劣环境中拼着命努力也不可能酿造出令人感叹不已的高品质酒。"

绝对不要信赖社长

我还经常对员工说:"失败了没关系,不用害怕。如果真的失败了,希望下次改变一下做事情的方式。"

当员工真的出现失败的时候,我既然这么说过了,除非是因为工作上经常偷懒或是有失误,要不然我都不好去批评他们。

有时年轻员工还会造成损失好几十万元的失败,非常令人痛心。因为平时说过那样的话,我只能硬着头皮对他们说:"这是没办法的事。找出失败的原因,下次改变工作方法。"妻子因此责怪我:"你对他们管得太松了。"

除此之外,我还经常说:"我们酒厂酿酒跟业余棒球队打棒球是一样的。"

一般棒球投手队员都是信赖自己队伍的防守队员才把球投给他们，让他们去打，而业余棒球队的弱小队伍一旦有球投过来，他们都去打穿裆球，这样就很容易在球滚动的时候到达本垒。

所以旭酒造的员工们说："大家守好各自的阵地，让对手空击三次之后出局。"

于是我说："绝对不要信赖社长。"

总觉得这句话和之前的"不要害怕失败"很矛盾。

有时候我在员工面前毫不在乎地这样说着，员工们也很为难吧。

大家公认*的"严于律人，宽以待己"的旭酒造社长真不是徒有虚名。就是我这样的社长身边却总是被很配合我的员工们和很体谅我的顾客们包围着，对此我非常感激。

说个很严肃的话题。

培养年轻人的关键一环难道不就是扩大公司吗？因为销售额上升业务忙起来的话，员工们就需要想出适当的对策来处理，这样他们就会有成长。昨天的物流量只有1，今天却增加到了1.2，于是他们就会绞尽脑汁想方设法去做好。

而且公司销售额增长，员工也会对将来充满希望，社长稍微说点刁难人的和异想天开的话，员工们也会忍忍的吧。大荣公司的创业者中内功说"销售额会治愈一切"，我认为这句话在某种意义上是对的。公司的发展从某种程度上来说是最大的教育。

作为经营者在知道酒厂发展情况不好的时候也从不放弃，尽力向顾客提供质量更好的酒。

我在酿酒这个行业里没有真正地成功过，但我从来都不会放弃，一直非常执着地慢慢地往前走。

最近我突然变得很严肃地对周围的人说"能够不厌其烦地坚持下去就是专家""败者复活战是有的"。

全部都是有利于自己的说法。

以前我就想，男人生来比女人优柔寡断，但却很固执迷恋。从这个意义上来看，我也许是个"十足"的男子汉。

最近我这个男子汉的心里经常回荡着这句话：

"不拼命但也不放弃。"

所以拜托大家不要放弃和"獭祭"的长期交往。

解除顾客的幸福和商品之间的矛盾
——思考饮酒和健康之间的关系

这是多年以前的一件事，2009 年在自民党政权中历任主要内阁的一位政治家去世了。所以当听到他在喝酒上的武勇传说的时候，我不由地皱起了眉头。最后他大概是因为喝酒才导致做了有失体面的事，迫不得已辞职了。他不是那种令人讨厌的政治家，所以我对他的辞职原由感到非常惋惜。

---

* 十几年前我的名片上写着"春风接人，秋霜临自"（对待别人如春风般温暖，对待自己如秋霜般冷漠）。我是带着这样的期望印了这个名片，但是梦想和现实之间相差太大，不知从什么时候开始名片上就没有印这句话了。但我没有丢弃这句话，我要努力做到什么时候再把它印到名片上去。

第五章　不受常识和习惯限制

对他的死因有各种说法，大多数人认为他是因为长年饮酒的缘故。酒有时也会毁掉一个很有作为的人的一生。旭酒造一直都在对大家说："并不是说能喝酒的人就很了不起。希望大家开心饮酒，适度饮酒。"

之所以这样说是因为我们经历了下面这件事。

父亲去世后我继任社长的那个年代还是把酒分为1级酒和2级酒。

其中的2级酒在有些店突然出现卖不出去的现象。调查以后发现卖不出去的基本都是小瓶装的2级酒。

其实买小瓶装的2级酒的大多都是酒量大的顾客，他们自己不能很好地调整自己的酒量。酒铺老板跟我说，本来大家并不是因为是日本酒才来喝的，而是因为日本酒的酒精度数低吸引了大家，酒的品牌是次要的。对酒厂来说在某种意义上他们是非常有利可图的顾客。吃1次饭喝1瓶300 ml或720 ml的酒。300 ml瓶装的还没有问题，720 ml瓶装的基本上1年以内销售额就会停止增长。

我问："为什么销售额下降了？"营业负责人回答说："喝这个酒的顾客住院了。"比这个更糟糕的回答是"顾客去世了"。面对这样的情况作为社长的我只是很感慨地想"非常遗憾，酒卖不出去了"。

当时的我多么令人可悲可叹啊。

在经历了很多类似的经历之后，我开始意识到酒厂在销售竞争中不应该只热衷于追求销售额。"总之不能只看卖出去的量""卖不了很多也没关系，尽力为顾客的幸福人生助一臂之力"，"以质取胜"。后来我们又把这些作为酒厂的发展目标。正是这样的经验积累才使得我们成为现在只酿造纯米大吟酿的酒厂。

由于我们的销售中心从当地转移到了东京,当地的酒铺和顾客对我们很不满:"看不起我们当地吗? 不酿造我们喝的酒了吗?"我们就这样在与当地的摩擦中强硬地转移了销售中心。从这个意义上来说,我们酒厂走过的路从来不是一帆风顺的。

但是我非常忍受不了的是我们酒厂和"顾客的健康",也就是"幸福"之间存在着矛盾。

近年来听说年轻人不仅不喝日本酒了,连酒饮料也不喝了。

针对这一现象,大型综合饮料厂接二连三推出味甜的度数低的"甘低"酒,如装得果冻饮料瓶里的酒饮料,烧酒兑苏打水饮料和鸡尾酒等等,为唤起年轻人的需求费尽了心思。但是旭酒造却认为年轻人远离饮酒是件大好事。曾经有段时间看见年轻人在宴会上气氛异常热烈地大声叫着"一口气喝干! 一口气喝干!",我反而觉得很不正常。

以前有大学生问我"对现在的大学生远离日本酒,你是怎么想的",我首先说明我的回答是关于"獭祭"的,接着我说"还在父母抚养下的大学生不要来喝我们的獭祭酒,最好在自己能挣钱且知道钱的价值以后再来喝"……

主要是我认为,世界越进步就越不饮酒才是正常进化。

如今的年轻人远离饮酒是个好事。

文明的进步会让酒饮料价格相对下降。这样一来,饮酒如果不能主动从心理上去克制的话,社会将无法进步。

看一下俄罗斯吧,他们国家的伏特加酒销售量增加了,而俄罗斯人的平均寿命却大幅度降低了。

然而，我们的酒还不知道能不能成为那些年轻人有一天非常想喝的"獭祭"酒！就是成为此刻想喝的"獭祭"酒，我们还必须努力。

但是，实际上我们还存在着一个矛盾。

那就是我们酒厂酿酒的目标不是量变，而是质变。据说是越精碾越研究就越……

"'獭祭'酒很香，我觉得很适合刚开始学喝酒的时候喝，但是喝着喝着不管啥时候都能喝了。

"普通酒我喝不了很多，'獭祭'却能喝很多。

"跟那些拙劣地标榜自己适合吃饭时饮用的酒相比，还是'獭祭'酒好，不管什么时候都能喝。"

就像这样，事实上很多顾客说的话跟我的初衷正好相反。很滑稽的是我自己也感觉"那些情况是有的啊"。

旭酒造着力想酿造的不是一含到嘴里就会感觉到冲击力的酒，而是抿到嘴里之后才感受到酒的味道和余韵的酒。但是我们的酒越是追求理想，最后反而成为顾客们在任何场合都唾手可得的酒。

怎样去解决这个矛盾呢？我们碰到了一个新烦恼。

不只看数字，依据事实做判断

——日本酒开始在海外深深扎根的依据

"最近酒在海外畅销吗？"

特别是在金融危机和东日本大地震之后，经常被问到这个问题。人对负面信息接受的速度很快，在看了媒体夸张的报道之后，会给很多人留下这样的印象:"情况很糟糕吧。酒卖不出去吧。"

确实,旭酒造在海外的销售量跟前一年相比增长了150%以上,但是2011年9月增长不到120%,下降了30多个点。因此,销售额不能说好,不过这也受到了日元升值暂时调整局面的影响,而且2013—2014年销售额又重新回归增长轨道,所以在海外的情况还是很乐观的。

对日本酒业界来说,倒不如说这样的危机反而成为转折时期的一大机会。

乘着这个好机会,日本酒当然越来越国际化了。

对海外市场的发展前景感觉乐观的一个依据是志愿到我们酒厂来研修的海外人员络绎不绝。其中大多数不是来学半天,而是短则2天长则1周的集中研修。

他们中的很多人是从事餐馆相关工作的,或者是今后打算在海外从事日本酒销售工作的。他们来研修可以住在酒厂里,但他们必须要支付昂贵的机票费用,即便如此为了学习日本酒他们还是从美国或英国特意请假过来,学习的劲头真是非同一般。

他们当然没有得到政府的补助,都是自费来日本的。

这种很受欢迎的客人每个月大概来2组。由他们来给日本人做日本酒讲座的时代在不久的将来就会来到了吧。

而且,在日本从事出口行业的和在外国从事进口行业的人员中来询问情况的次数达到过去最高值。由此我深深地感到日本酒在外国市场中已经成为不可缺少的物品。

日本酒的人气确实在海外不断上升,**这不是光靠宏观数字就**

能看得懂的现象。日本酒现在倍受世界瞩目。

有时也不要小看颠覆常理的技术进步
——收成好的陈米比收成不好的新米更好

谈一点专业性话题,我来介绍一下我们在从事四季酿造的经验积累中了解到的关于酒米的最新想法和事实。只是对于"五百万石"和"普通米"我们的经验很少,下面所谈到的米全部都是"山田锦"。

这是个颠覆常理的话题。

例如新米和陈米。我们向来都会想当然地认为米是越新越好。而实际上从我们的经验来看,两者之间只有一点点关联,新米比陈米好这个观点未必是合理的。

也就是说,与其用收成不好那年的新米,还不如用收成好的那年的陈米酿出来的酒要更好。

很多酿酒相关人士会觉得这种说法有悖常识,但实际上这是我们从酿酒经验中得出的结论。

对酒米来说最可怕的是米粒上出现裂纹。我们知道了一个可以防止出现裂纹的办法,这个办法也是颠覆常理的。

裂纹的出现一般有两种情况。第一,在洗米的时候。也就是把米的内芯露出来了,用这样的米酿出来的酒不可能让大家满意,这一点我想大家一定都会明白。

洗米的时候因摩擦产生的热量会导致精米时白米中的水分流

失,为了锁住水分从而防止出现裂纹,向来的办法都是在精米后把米放置1个多月,这道工序叫"枯干"。但是,不经过枯干的米反而裂纹少。

第二,精米时出现裂纹。这也会对酒的质量有很大影响。精米步合是根据重量的比率来计算的。裂纹部分会化成粉,假如这种成为粉末的米占5%,账面上记录的精米是50%,而实质上应该是55%。

当然,酒税法上规定根据账面来计算,所以毫无疑问是大吟酿酒,但是我想用这样的米来下料酿酒,很难酿出好酒。

那么为了解决这个问题该怎么办呢?

首先,为了在精米的时候不产生热量,最好放慢动作。这个道理现在大家都懂,所以当然都在这样做了吧。

还有一个办法。如果某个制度能得到改变,就能防止酒米出现裂纹。

是怎么一回事呢?精米的时候,糙米含的水分少就容易有裂缝,最理想的糙米水分含有量(糙米水分)是16%。但是糙米水分超过15%,农政事务所就把它定在等级之外。也就是说如果能更改一下现在使用的容易使米产生裂纹的基准,不就能很好地预防裂纹了吗?

这个基准值大概是在人们对这个事实还不了解的时候制定好并一直延用至今。确实糙米里的水分多了,米的实际重量就变轻,所以水分多了1%,米的重量就会少1%。从糙米水分多精米率就应该高的思考方式可以推测以前定的那个基准值至今还没有变动过。

如果这个基准被更改了，对米的生产者来说水就变成了金子，酒厂就会提高精米率，质量也就会变好，对顾客来说买到手里的都是美味可口的酒，总之对三方来说都是很有利的好事。制度不是轻而易举就会发生变动的，但我会尽全力推动实现这个变化。

如果有更好的商品，就不要受习俗限制

——反对把酒洒出来！什么是男人的浪漫？

酒店里在给顾客提供日本酒的时候很多都是"把玻璃杯伸进酒壶里来斟酒，酒洒到玻璃杯上"。这是酒店里经常看到的很普遍的斟酒方法，我老早开始就很在意这种倒法。

我是在意什么呢？

① 把玻璃杯端到嘴边的时候，洒在杯子上的酒会滴到衣服上。

② 不知道酒壶是不是真的很干净。

③ 真的是装了 180 ml？看上去好像没有。

④ 为了把玻璃杯里斟的都满到最上边的酒一滴不洒地喝掉，需要弯着背撅起嘴去喝，那个样子真的是非常难看。

……还有很多。

但是当我跟酒业界的人说到这事的时候，没想到他们居然这样回答我："酒从杯子里溢出来才好啊，会觉得自己赚到了。那是男人的一种浪漫"。

什么是"男人的浪漫"？

第一，一个大男人瞪着眼睛看着店里的人给自己倒酒，心里还

祈祷着能多倒点,这个样子简直太可悲了。而且即使倒满了,一般来说最多就是 180 ml。

本来把不到 180 ml 的酒称为 1 合这个规定,我就觉得不可理解。这个规定如果是日本或者酒业界的常识,那么"日本的常识就是世界的非常识,酒业界的常识也是世界的非常识"。这只不过是年轻人和海外人士不能理解的我们家里的"村"社会的习惯而已,我应该这样想才对的吧。

那件事之后我便开始寻找"倒酒的时候不会溢出来,样子又好看"的酒具。日本没有什么好酒具,我在纽约的一些地方也找了,找得很辛苦……

实际上我们酒厂以前品酒是用波尔多葡萄酒杯代替了"灵巧小瓷酒杯"。为什么要这样做呢?首先因为小瓷酒杯很独特,所以价格昂贵,买 1 个需要花 3 000 多日元,葡萄酒杯很便宜 1 个不到 1 000 日元。除此之外葡萄酒杯还具有在分辨香味上性能好的优点。

"为什么必须要用葡萄酒杯来喝日本酒?"我多少有点抵触情绪。"不能因为是强敌把他拒之门外,要把他拉过来成为自己人,成为伙伴。"我压住心中的不满,最后想到了使用这个玻璃杯,也开始向顾客提供我们酒厂独创的玻璃杯(前面的照片)。

我们反复琢磨终于想出了办法,在杯子 90 ml 的地方印上了五角星做标记。

也就是说喝 2 杯正好是 1 合。饮食店可以根据自身情况灵活使用,我们希望他们能用这个正规的 1 合来竞争胜负,而不是用"日本"规则中定的那个 1 合。

对酒鬼来说1杯180 ml的量稍有点多。他们来小酒店里喝酒，一般都是先点啤酒，然后再点日本酒。如果是180 ml的大杯子，那么点1杯之后就不会再点了。万一在点第一杯酒的时候选错了品牌，那么那位客人一个晚上的兴致就全都泡汤了。

我自己也用了一下我们设计的玻璃杯，发现了它的几个优点。

首先，摆在餐桌上，高高地显得很气派。其次，能清楚地知道自己喝了多少酒。后一个优点也有缺点，就是被妻子看到后她会大声地对我喊："今天已经喝了3杯了，不要再喝了！"

但是请一定用一下。

请向你常去光顾的饮食店介绍一下我们的杯子。

和人之间的联系超过了物理距离

——买卖靠人与人之间的关系

2007年（平成19年）秋，"格兰斯塔"店在东京站地下1楼装修成礼品店和饮食街后焕然一新。里面建造了时髦的站式饮酒酒吧和自带销售当地酒的店铺，店里挤满了各个阶层的跟店铺环境相适宜的顾客，非常热闹。"獭祭"也在这里举办试饮销售活动。

经营这家店铺的是在当地酒业界有名的长谷川酒店，以前和旭酒造没有过交易来往。但是太拘泥于这些小事，日本酒就无法发展下去。在长谷川酒店宽宏大量的关照，我们先在这里开始了试饮销售，双方暂时没去交涉长期交易的事（现在我们有买卖交易）。

当地酒业界往往会有很强的地方保护倾向，所以我们这是很少有的尝试。

实际上我是从定居巴黎的熟人那里得知这里在招募做试饮销售活动的酒厂。

我深深地感到如今世界的运转不是取决于地理距离的远近，而是取决于人和人之间的关系。在和长谷川酒店员工交流的时候也感觉到了他们对日本酒的热情，这种热情超越商业距离。真的是一家非常出色的酒店。

此外我还屡屡感觉到这个世界真小，是绝对不能做坏事的。

有一次，一位熟人介绍过来的客人对我说"我工作的那个餐馆里有用'獭祭'的酒糟做的甜点"。那是位于东京银座6丁目的一个名叫"rekaiyo"的法国餐厅，我俩都不知道那个酒糟是从哪里进的货。后来我特意上门去拜访了那家店。

好吃，量也足。

有各种蔬菜的味道，非常不错。

关键是使用了酒糟的甜点，纹理纤细，让我感觉糕点师的手艺真好。

就在准备回去的那个时候，我惊讶极了！

我去跟主厨和糕点师打招呼，顺便问了他们酒糟是从哪里进的货。于是糕点师中村亮平回答：

"老家分享给我们的。我是函馆富士冷冻公司家的儿子。"

"哎？你是那个富士冷冻公司家的儿子！！"

我不由地提高了音量。

疑问彻底消除，令人惊讶不已。

说起富士冷冻,我想起来那是有一天突然给我们寄冰激凌的一个公司。里面还夹了一封信,信上写着"用'獭祭'的酒糟做的冰激凌"。吃了以后发现那个冰激凌特别好吃,我当时非常感动。

从那以后我们把酒糟寄过去让他们做冰激凌,我们仅在旭酒造的小卖店里对外出售那个冰激凌。

世界很小。我们不能做坏事。

而且**随着人际圈子的无形扩大,我们在生意上的联系纽带也在不断形成**。必须好好珍惜这一切。

第六章

不要小看传统中蕴含的深奥

在世界上大显身手的人们都很尊重自己的祖国

——"世界上通用的最低条件"在体育上也通用

2010年FIFA世界杯在南非举行,连我这个平时对足球反应迟钝的人也在惦记着比赛结果。很遗憾日本最终获得第16名,冠军西班牙队和季军德国队的稳定的高超球技给我留下了深刻的印象。

关于德国足球队,体育评论家金子达仁作出了如下评论。

"在世界大赛中德国队强大的根源在于队员们对他们自己的祖国和梅赛德斯·奔驰车,以及贝多芬和瓦格纳等人才辈出的文化,都充满无比的自信和骄傲。"

评论中还提到了日本代表队,他分析说:"日本代表队为了能在世界大赛中与对手踢球水平不分上下,最大的课题是在精神方面吧。""在世界大赛中对自己的祖国没有信心是个很大的问题。"

我想起了中田英寿作为日本代表从海外归来首次参加比赛时的

场景，在比赛前齐唱国歌《君之代》的时候他是把手放在胸前唱的。当时中田的发言声音尖锐刺耳，引起很多人的议论，但是我觉得他大概是想通过自己的言行来暗示队员们"为了取得胜利需要做什么"。

棒球巨星铃木一郎的言行举止也给人同样的感觉。

他说："不懂得如何尊重自己祖国的人是不可能在世界大赛中获胜的。"

大约 40 年前也看到过这样有着相同感受的事情。那次是法国学生队和全日本队的橄榄球决赛。比赛前齐唱国歌的时候，由数万日本人唱的《君之代》完全被只有几百人的法国人唱的《马赛曲》压倒。

实际上在向海外出口"獭祭"的时候，对"獭祭"的风格形式我也有着同样的想法。**我想非常自信地向海外推出"獭祭"以发展日本食文化，并珍视日本食文化**。所以我们不会为了满足海外和国内的一部分爱酒人士的需求而去改变我们的酒。我们想作为日本食文化的代表一直不断地追求日本酒的本质，充满自豪地向海外出口"獭祭"。

认清历史和市场变化的两面性

在思考日本酒将来如何发展的时候，感到日本酒"如何跟食物搭配"这一问题有点难度。比如，我们来想一想父辈那一代是怎样来喝日本酒的。

想象一下是去参加一个很正式的工作宴会。

父亲们就着醋拌凉菜和生鱼片喝着酒，但都没去吃摆在桌子上的烤鱼。喝的差不多的时候,他们把一直没人吃的烤鱼和寿司装进饭盒里带回家。

在当时还不富裕的日本社会,对在家里等着的一家人来说,父亲带回来的饭盒就是超级美食。不光是我一个人,我想应该很多人都曾经翘首盼望过父亲回来,主要是惦记着他带回来的那个饭盒。

在非正式的场合,比如每天晚上在家里时,父亲又会怎么喝酒呢?

大家围坐在餐桌上吃饭,只有父亲就着另外一份菜(山口县传统的庶民土菜。把用研钵磨碎的小鱼干和糖醋酱拌好以后浇在新鲜的生菜上。非常好吃!)在喝酒,喝完之后就把杯子倒扣过来和大家一起吃饭。

还有一个例子是经常看到的匠人们晚上喝酒的场景。

为了晚上能喝好酒,下午3点左右开始匠人们就尽量不去喝茶之类的水分多的东西。下班之后他们就径直奔向常去的拐角里的那家小酒馆,就着烤好的小沙丁鱼片之类的简单的下酒菜,一口气喝完2~3杯之后就走了。那种喝酒的样子不是很潇洒吗?

所以,虽然说"喝日本酒要有饭菜搭配",但是自古以来可以说都是就着简单的下酒小菜和开胃小菜,最多也就是就着寿司来喝酒。并不是一直喝到饭吃完才结束。

日本酒的特性就是在这样的饮酒方式中形成的,所以把日本酒和沉稳的法国菜搭配到一起不是件轻而易举的事情。如果能找出跟祖辈们的饮酒历史以及日本酒不相矛盾的法国饮食,我想我们的销售市场将进一步扩大。

同时,购买和饮用日本酒的主力人群近年来由内行人变成了非内行人，这是个很大的变化。

以前批发商掌握着市场，"那儿很有魅力，卖给他们吧""那家酒在鉴评会上得过金奖"，他们这些内行人的称赞是具有很大的决定权的。

但是现在批发商加入商社系列，已经不再拥有销售某个特定品牌的权利。而且由于受网络普及的影响，不需要像以前那样大张旗鼓地做宣传，酒厂老板直接发送信息，通过客人们的口头相传，受大家喜欢的酒自然就会畅销起来。

今后为了扩大日本酒市场，唯一的办法就是让包括外国人在内的还不太习惯喝日本酒的人们去喝日本酒。当然爱喝日本酒的老顾客也是很重要的，但是我觉得不能只局限在这个小圈子里。

我们的优势在于无论谁喝我们的酒都会觉得很爽口，另外我们还把对日本酒了如指掌的行家和能说会道的骗子划清了界限。我想，彻底摆正这个态度才是我们的生存之道。

就像我们受到中田和一郎的激励一样，在不久的将来如果我们也能去激励那些走向世界的年轻人，那将倍感荣幸。不，我们一定要成为那样的酒厂。

永远追求日本精神

——想支持优衣库的原因

大家都知道第一个零售优衣库的公司跟我们是同乡。

可能大家对优衣库恋恋不忘吧，我身边喜欢优衣库的人很多。

他们中竟然还有被妻子下了命令"不把旧的优衣库衣服处理掉,就不要买新的"。

优衣库在生意上的发展势头当然是非常好的,但是据说作为他们公司发展目标的曾经是世界第一的GAP(美国)被H&M(Hennes & Mauritz,瑞典)和ZARA(Inditex,西班牙)赶超上去。优衣库在世界百强公司联盟中英勇拼搏着,销售额为1万1 430亿日元(2013年8月期),只有H&M(1万8 100亿日元,2012年11月期)的60%多点。而且只从近年来的增长率来看,也是H&M比优衣库高。

听说了这种情况,我感觉很沮丧。

优衣库追求的主要是高品质。商品的种类不是很多,但都是经过多年打磨生产出来的产品,其中在每个季节之初的产品和后半期的产品看上去一样,但穿在身上的感觉却完全不一样,后者是又经过改良的产品。大受欢迎的人气衬衣每年会有新的改进。穿在身上真的感觉越来越舒服了。

这个商业模范就这样输了吗?……想到这个,我心情很复杂。

因为商业模范优衣库与"獭祭"的经营模式有着一脉相通之处。

旭酒造也是在不增加商品种类的情况下只使用山田锦来深入研究酿造纯米大吟酿。

于是有些喜欢喝酒的人士给我们提出了比较轻浮(?)的要求。"想喝用其他的米酿造的'獭祭'。""想喝精米步合不高的有冲劲的'獭祭'。""那家酒厂生产生酒醅(酒母),你们酒厂不生产?"听了这些建议之后,我们还是只酿造我们自己坚信味道不错的日本酒。

在做生意上，采用不断推出新产品的经营模式来酿酒也许有利于提高销售额，但是在短时间内刺激顾客消费使销售额得到增加，并不能从本质上保证顾客的幸福感。我坚信"我们的经营方式是能让顾客真正感觉到幸福的"，因此一直克制着短期内增加销售额的欲望。当得知优衣库输给了 H & M，令我非常心神不定。

优衣库加油。日本精神加油。

我们支持的绝不是"日本制造"，而是"日本质量"。优衣库的生产地分布在中国、越南等国家，但是依然能感觉到他们的日本精神。

我们没有遵循当地生产当地消费的原则要求，不局限于产地买来了最好的山田锦。我们还以东京和海外的大消费市场为中心销售"獭祭"，希望能被那里的顾客们喜欢。不过，我们的那颗心无论如何永远都有着山口精神。

对"日本酒"这个名称的抵触情绪

以此心境来酿造"獭祭"的我却对微不足道的"日本酒"这个名称很抵触。虽然也可以叫"酒"或"清酒"，但是如果不叫"日本酒"就很难分辨，除此以外也有很多场合没有其他名称可以选择的余地，所以就这么一直勉强使用着。

日本酒不仅要在国内销售，也需要大量销往世界各地，如果做不到这点的话就很难生存下去，关于这个我在前面已经提到过好几次了。一旦走向世界，酒的名称上带有"日本"这个国家名可能会成为一个障碍。

葡萄酒是被全世界人们广泛认可的酒饮料,如果把酒的名称定为"法国酒",还会得到那么广泛的认可吗?

日本酒即使不特意叫作"日本酒",它也是日本民族特有的东西。日本酒和同样用米和曲酿造的绍兴酒存在着明显的差异,这一点就非常鲜明地反映了日本民族酿造的酒具有固有的个性。

不是依赖"国酒""国产米"这些外在因素,而是把精力专心用在提高酒的质量从而让顾客去享受美味和感动。

因此我无法完全抹去对"日本酒"这个词语的抵触情绪。不过现在除了"日本酒"以外暂时还没找到合适的词语。

何止如此,10年前我自己名片的背面竟然还写着"酿酒创造梦想,开拓日本酒新时代"。

总之我想支持的永远都是日本精神。

我们的目标也就是这个。

对"日本风格"的追求和诀别

——目标是"洗练""改善"成具有日本独特风格的酒

旭酒造所追求的目标的主题是前面提到的日本精神,包括"对日本风格的追求"以及"跟日本风格的诀别"。

我们要追求的**所谓的"日本风格",我想就是"洗练"。换个说法,也可以叫"改善"**。

酒酿得越多就越觉得日本酒的酿造方式最能体现日本人的民族个性。日本人不会放过一般很多人容易忽视的细节部分。同样

第六章 不要小看传统中蕴含的深奥

用米和曲酿造酒,中国人酿造出来的是绍兴酒,日本人酿造出来的是日本酒,非常不可思议。

也有一部分人提出了意见,"日本酒应该像绍兴酒那样变得更洒脱一点""应该像葡萄酒那样限定原料产地",但是旭酒造没想着要按照那些意见去做。

如何把这些想法传达给大家是很难的一件事。从海外来旭酒造进修的人中有个叫莱阿的法国人,对"獭祭"的英文版宣传小册子提出了以下一些意见。

"在提高精米步合的技术改革方面,全然给人向先进技术挑战的印象。但是如果不对法国人介绍一些传统性的东西,就不能期待给他们留下好印象。

"在法国技术先进的新葡萄酒厂,实际上他们已经向各种新技术发起了挑战,但是在他们的网站上展现在大家面前的仍然还是传统的东西。"

这个小册子在宣传的表达形式上实际存在着很大的问题。

莱阿指出来的地方是很有道理的,非常能够理解。

但是我觉得旭酒造在技术革新和变革方面,也就是说在"创意"方面是具有传统的日本文化特点的。如果不能做到让大家看明白这一点的话,那么"獭祭"在法国,不,在整个欧美都不会畅销的。

酒是一个国家文化和社会的产物。为了能把酒顺利地卖到其他国家去,即使特意去迎合那些国家的价值观也会有做不好的地方。

旭酒造不赞成用带有评价葡萄酒倾向的理论观点去评判日本

酒的好坏,用酿造葡萄酒的思维去酿造日本酒。因为日本酒是日本文化和社会的产物。

至少在旭酒造,我们是想把酒按照我们所坚信的价值观卖到海外去,这才是重点。为了把我的这个想法准确地传达给莱阿,我一只手抓着字典拼命地查找着。

真不愧是法国人,喜欢争论,有点顽固。而且她还有着能看透本质的能力。

今后我们也要追求非常具有日本民族个性的日本酒。我们还想把这样的日本酒原封不动地带到海外去,希望外国人也能喜欢。

相反,应该诀别的所谓的"日本风格",可以说就是日本人的缺点。

缺点之一是目光短浅。前面提到过日本人都相信"神住在细微处",所以大家特别追求细节部分。只是过于追求细节,往往就造成了最终抓不住本质的缺点。

比如,对我们来说所谓的"本质"就是好喝还是不好喝。但是如果我们为了这个"本质"一味地去追求只是作为一个手段的技术,那么一切都完了。

还有一个我们应该诀别的是"畏缩思维"。

无论好事还是坏事,很少会有日本人做出不寻常的举动,总觉得我们这个民族好像从中庸主义中找到了安全感。

这个特点表现在酒的世界里,当然就是只酿造一般性的酒。

日本酒里没有像葡萄酒那样1瓶价值70万~80万日元的酒。这不是技术和质量上的问题,这大概是生产这种商品的构思力和观念之类的综合能力不足。

非常不好意思,我们酒厂也是更倾向于酿造价廉物美的酒,而不是高价酒,因为这样没有心理压力,感觉很安心。比如,当被顾客表扬"1升2 500日元不到,质量还这么好,真不错啊",那是非常开心的。这一点当然很重要,但是这会让人觉得没有在新形势下打破现状的魄力。

最主要的是现在日本酒在海外销售增多了,如果还是次于葡萄酒的话,会让人无法面对这个事实。近年来去海外出差的机会多了很多,每次脑海里想到的都是这件事。

但是,这的确是一堵很厚的墙。光靠旭酒造是无法穿越过去的。我觉得一定**有很多酒厂在用他们各自独特的方式浴血奋斗着**,然后不知不觉之中就能形成一个能穿越那睹墙的东西。

我们正在寻求酿造出具有那种穿透性功能的酒。

知道有比人更聪明的奇特领域

——酿酒不完全都是"那样做的话,就会变成这样"

感觉有很多想进酒厂工作的人的动机都是"喜欢日本酒,想酿造酒",但是想来旭酒造的人却很少有这样的动机。面试的时候问到这个问题,很多应聘者回答"没喝过什么日本酒",他们中的很多人只是因为对地方企业感兴趣才来的。

对酒业界来说,他们应该会因此担忧没能很好地激发年轻一代的需求,不过这对旭酒造来说是再好不过的事了。

酒本来就不是酿酒负责人深思熟虑之下就能造出来的东西,它要经过"挑米""拉着马跑"之类的连续作业才能酿造出来。酿酒首先要有酒厂的根本理念，然后定下酒厂的发展方向，接着再根据这些去选择最合适的技术。在酿酒理念上加上生产技术——旭酒造就是这个想法，所以对我们来说，顾客与其对酒一知半解，还不如什么都不懂。

当然希望顾客们放心的是在我们酒厂与日本酒相识之后一定会喜欢上日本酒。从这个意思来看，他们迄今为止在自己的人生中还没有机会碰到过"想再去喝的日本酒"。

酒厂刚开始实行由员工自己来酿酒的时候，洗米负责人20岁，蒸米负责人31岁，曲负责人26岁，下料负责人22岁，是一个平均年龄只有24岁的年轻团队。

令人非常不可思议的是他们之间竟然没有发生过大冲突。

但是让一群年轻人去酿酒，这已经是个壮举。

大概是因为大家都很年轻，他们基本不是为了养活家人才来工作，而只是为了享受这份工作。而且从某种意义上来说，正赶上生育高峰的这一代是含着银勺子出生的，所以他们对优质物品和美味佳肴感觉敏锐，在酿酒上也是努力酿出他们自己能够接受的酒。

我在继承酒厂之后的一段时间里有过和老一辈年长者一起工作的经历。我觉得年长者身上非常缺少年轻人的那种坦率和拼命努力的精神。

只是看到刚进酒厂的年轻人让我感觉他们受现代机器文明至上主义*的影响很大，有着养老孟司老师（因《傻瓜的围壁》等著作

---

* 这个机器文明至上主义是指当地很少有总公司，当地的主要产业是作为大企业的生产工厂。就是当地有"手"，没有"头"，可以发挥"手"的功能性作用，但是不允许用自己的"头"去思考，这个特点在地方城市非常显著。

第六章 不要小看传统中蕴含的深奥

而出名的东京大学名誉教授)提到过的"那样做的话,就会变成这样"思维僵化不灵活的人好像很多。

我毫不顾忌地在大家面前说,酿酒"**技术很重要,按照技术指导手册就能酿出来酒**",同时我又觉得"**如果不能理解酿酒过程中会有自己弄不明白的领域,那就掌握不了酿酒的本质**"。学校里的课本学习一定都会有正解,而酿酒没有正解。

最近对酿酒机制做了很多的剖析,我终于明白了"想对酿酒做出最后完全的解析是不可能的"。

旭酒造虽然在酿酒过程中把所有的要素数字化,最后一定还是要由人来鉴定味道和香味。所以通过积攒的经验和信息去确认酒的整体感觉是不可缺少的一步。

如果没弄清楚酿酒的这些特点就无法按照手册上的指导去继续酿酒。也就是说,能得到 70 分,得不到 98 分;想得到 98 分,但是最终连只能"作为第二名的 85 分"都不可能得到。

托大家的福,在员工中也培养出了对这些酿酒要点有深刻领悟的人才。今后有多少酿酒负责人能领悟这些要点是决定旭酒造能否顺利进入下一阶段的关键。

还有,如果年轻人有感到棘手的事就要马上去处理。

这个可以说完全做不到。

有这么一件事。

酒厂仓库里有一个地方老是积水,地方狭窄不好清理,大家都不想动手。那天我对年轻人说:"这里干干净净的才能酿造出好酒,这是秘诀。未必是充分条件,但一定是必要条件。"然后最年轻的 M 君花了半天时间把那里打扫干净了。

95

于是我表扬他"打扫得真干净啊",结果那天在所有业务忙完后我发现水桶和拖把这些打扫工具都扔在那里没有收拾。

对此我只能一笑了之。

我曾经对妻子说过非常自以为是的漂亮话。"老是对孩子说'快点做'会妨碍他创造性的萌芽。""你那么批评孩子不利于孩子的个性发展。"……现在终于有点明白妻子在说孩子时的心情了。

每年有新人进酒厂说明每年都有人辞职离开。因为小酒厂很难满足他们的要求,也没能很好地培养他们,由此我对自身的能力不足感到揪心,对浪费他们宝贵的青春感到歉意。不过最近有件事让我心里感到很自豪。

那就是离开我们酒厂的有超过一半的人再次就职的时候又选择了酒厂的工作,是因为酒厂的魅力让他们又选择了酒厂这份工作的吧。他们是因为酒厂的社长有问题辞职的,但是如果其中觉得酒厂的工作很有趣,将来会有发展前途的人成长起来的话,这是很令人高兴的事。

第七章

不发布信息就不会被大家知晓

想向海外展示最理想的"獭祭"
——直营店向海外拓展的想法

2013年5月在东京京桥开业的"獭祭Bar23"是只有16个座位的小酒吧。计划今后将在巴黎、伦敦和纽约开店,店的基本形式就是这家店的样子。

这家小酒吧的开张要归功于在开店半年前,"青柳"日本料理店的小山裕久问我:"有一块很有趣的场地,你要不要开店?"我于是顺水推舟拜托他帮我们规划了这个小酒吧。

如果说一点犹豫都没有就参与到饮食界里来那是在撒谎。因为这会和帮我们卖"獭祭"的饮食店有竞争,而且制造业和服务业的目标特点不同,我们根本不知道服务业的重点是什么。

但是我想尝试一下把用心制作的高级日餐和日本酒结合到一起的形式能否被大家接受。

近年来日本酒业界和饮食业界都偏向把重点放在低价格商品上，这个现象让我产生了危机感。说得极端一点，就是我们酒业界的目标好像是要让高架下的立饮小酒店的酒畅销起来。

出现这样的风潮是有几个原因的。

比如，很多顾客极其希望能喝到高价位的酒，但对所提供的服务要求并不高。其次，酒厂的社长也在有些方面助长了价格走低的风潮。直言不讳地来说，以前的酒厂在乡下很有名气，所以社长为了不惹人注目表现得很低调，让人看上去像没有什么钱，受这个老风俗的影响社长当然也就喜欢在立饮小酒店里喝酒了。包括旭酒造在内的所有酒厂实际上拥有的也只是一点资产，现金流动并不宽裕。

我们日本酒业界由于没有对未来的预想方案作出规划，很容易被大家认为只是在一刹那间满足一下顾客的需求。

在这样的形势下，东京和京都的高级日本料理店把重心严重地由日本酒偏向葡萄酒。在这些高级日本料理店里有葡萄酒酒单，而日本酒只在酒单的最后一页作为装饰列了几个。

京都的一家被米其林旅游指南评为星级的传统日本料理店甚至回应说："不，我们店里也规规矩矩地摆了日本酒。"当顾客提到葡萄酒的时候，老板探出身子说"我给你挑几个拿过来"，然而提到日本酒的时候，老板兴致明显降低，只是说"这里有菜单，你自己看吧"。

在日本的高级日本料理店里，日本酒像这样不断被赶走的状况必须要打破。

然而法国的葡萄酒和香槟酒厂家接连不断地提出要和日本有

代表性的料理店以及各类日本文化的核心设施合作。

我自己本人也是喜欢立饮小酒店,尽可能到便宜一点的店里喝酒,完全具备酒鬼的本性。不过日本酒没有走进高级饮食店,让我对日本酒的未来发展抱有很大的疑问。巴黎的三星级酒店的菜单里是不可能把法国葡萄酒只放在一个小角落里的。

酒的价格也许是稍微高了一点,但是如果顾客喝了买的酒之后不由自主感动地说"花了这个钱喝了这么好的酒,那是超级值!",那么这样的顾客评价对酿酒人来说就是非常重要的,基于这样的考虑我们才下定决心开这家"獭祭 Bar23"店。希望大家在店里尽情享受到的不是酒量而是感动。我想首先我们自己应该来尝试一下,于是"獭祭 Bar23"就开店了。

"獭祭 Bar23"的价格设定稍微有点偏高,就是我自己一个人去店里喝一定也会超过 5 000 日元。我们打算把在这个店里学到的东西以不同形式反馈给大家。

那么我们酒厂在海外有必要开直营店吗?

我觉得在日本大家对"獭祭"酒都已经很了解,也达到了大家所期待的品质。

但是在海外还不行。海外虽然掀起了日本酒热潮,但喝的人未必有很多。

在海外经营日本酒的人是很有限的,主要是一些批发商。但是从旭酒造的经营理念到保存状况,他们全部都没能理解。

比如,"发泡浊酒"和日本的看上去一样,而很多酒的保存状况却非常糟糕。平时常温保存,在要喝之前才拿去冰镇就喝不出它本来的美味。

所以我们打算开一家饮食店让大家能够边吃饭边了解品酒方法,同时还附设一个物品贩卖店。我要把最理想的"獭祭"展现给海外人士。

在第 5 章提到过的"獭祭-精碾-磨之先及"在开拓海外市场中也是很重要的产品。它的主要特点是价格高(国内),720 ml 的 1 瓶卖到 3 万日元。通过它的发展历程可以很清晰地看到我们酒厂在开发它的过程中积极向海外出口的经历。

如果日本酒要在世界领域跟葡萄酒一样去竞争,致命的缺点是没有高价位的产品。现有价位的日本酒只能作为比葡萄酒档次低劣很多的饮品摆在欧美人的餐桌上。

为了打破这个局面,我们并不只是根据市场的需求给产品标上高价格,而是开发出了真正高品质的"獭祭"。"獭祭 Bar23"店中当然是有这个酒出售的,如果海外人士能有机会在这里品尝到极高品质的日本酒,那将是我们的最大荣幸。

如果能传达意思,标签上未必一定要横着书写

——为减少"发泡浊酒"的开瓶事故煞费苦心

"你们已经不酿造发泡酒了?"

一天,一位年轻女士给敝公司打来电话询问这个问题。

当时我突然在想:"我们又不是麒麟和札幌公司,为什么一定要生产发泡酒?"仔细询问情况以后才知道原来是因为"浊酒"的事。生的浊酒因为含有二氧化碳,一般被称为"发泡酒"。

獭祭的"发泡浊酒"是2002年(平成14年)开始发售的,那一年獭祭正好开始往东京去推广发展。

从那以后,因为"浊酒"含有的二氧化碳导致"开瓶时喷出",有很多人批评我们"把地毯弄脏了""家里的猫喝了酒出来的酒都喝醉了"等等。对我们自己来说"浊酒"就像是个"小鬼"。起初我们为了让二氧化碳喷发得不至于太剧烈费劲了心思。当发现了发泡浊酒的魅力时,我们积极地改成把瓶内二次发酵产生的二氧化碳留下来。

这个经常令我们感到很可气的"发泡浊酒",顾客们慢慢地开始对它也有了好评,但是开瓶时的"事故"和伴随而来的抱怨一点也没有减少,我们为此一直煞费苦心,而且我们的尝试也老是会出现错误。

把小瓶装系列的酒装进香槟酒瓶里是从最近的2008年(平成20年)开始的。大概会有人觉得很奇怪,"为什么必须把日本酒装到香槟酒瓶里呢?",实际上这样做的最大目的是想提高大家对这种酒的认知度,会想到"这是带气压的酒"。

生浊酒在酒瓶里会残留一点酵母,所以装进瓶子以后也会生成碳酸。具有很明显的发泡特性是这种酒的一大魅力,但是它也有危险之处,在打开瓶盖的时候酒喷出来会把周围弄脏,在瓶里气压的作用下瓶塞会一下子飞出去。

起初上市量很少,客户也很有限,所以听我们作详细说明的顾客也是非常有限的。

后来客户增加了,但我们还没能做到让他们都能知道开瓶注意事项,买回酒的丈夫知道了注意事项,但是接过酒来开瓶的妻子不知道,互赠礼物的时候被送给别人的机会也增多了。所以我们当然越来越有必要和义务直接向顾客告知这种酒的危险之处。

首先,以前的瓶盖上都带着小孔,所以浊酒的瓶头上都裹着包装纸,开瓶的注意事项就印在它上面。但是有的店在进货的时候会把它撕下去,所以我们又在里面另外加了一个写着注意事项的封口贴纸。

即便如此还是有人不看,所以为了让大家瞥一眼就能看到注意事项,我们在所有酒瓶的瓶颈上挂了一个牌子,牌子上图文并茂。后来发现黑白图不容易看清楚,所以又换成彩色的牌子。还有刚才提到的封口贴纸因为也没人看,所以虽然开瓶的时候碍事,为了能让大家看到,我们把写着"小心开瓶"的贴纸贴在瓶盖的开口处。

但是这样做还是觉得不完美,所以就去请在漫画周刊上连载"微醉酒坊"的长尾朋寿老师画了不小心打开瓶盖时慌慌张张地很有幽默感的漫画。然后我们把它用橡皮筋悬挂在所有"发泡浊酒"的酒瓶上,虽然做得不是很精细(不精细是指我们的固定方法,漫画是画得非常完美的)。

为了慎重起见,把原来的名字"浊酒"也换成了"发泡浊酒",用这个名字我想会让大家很容易想到这是发泡酒。

但是这样还是觉得不完善。以前我就想过标签上为什么必须要把字横着写呢?由于对这种写法有点抵触,就在包装纸上竖向写上了文字"发泡性"。总之我们把想到的办法全部都用上了。

但是这样做就不会有问题了吗?并非如此。

几天前收到一位女顾客的来信,信中写到:"难得那次我为了防止喷洒出来轻手轻脚地开启瓶盖,店里的人看到以后对我说'这

第七章　不发布信息就不会被大家知晓

样是开不了的',然后就拿起酒瓶吓咔吓咔地摇起来,结果有一半的酒喷洒到桌子上。难得点了一次"獭祭"酒,没想到却那么令人伤心。"*

像这样自以为对饮食店和日本酒非常了解的人们是不会轻易去看包装纸上的文字的。包装纸上写的满满的,但是他们觉得"那都是在做宣传吧。我自己对浊酒很了解",所以就不会去看了。

由于前面大段篇幅里提到的原因,为了提高大家对有发泡特性的酒的认识,特别是那些对酒有一定程度了解的人们,我们才最终选用了香槟酒瓶。

香槟酒的瓶盖比一般瓶盖要难以开启,所以应该不会再出现瓶塞飞出去的事故。其次,与一般的酒瓶相比,香槟酒瓶的液面位置低,瓶颈部空间大,所以可以有效防止酒喷洒出来。

就这么仓促地采用香槟酒瓶了吗?其实还是有一个过程。

首先当然我们心理上会有抵触,为什么日本酒必须装在香槟酒瓶里?

而且瓶子的形状变了,外包装的标签也需要相应地做更改,看

---

* 打开瓶塞以后不用摇,在桌子上放一会酒和空气接触以后温度会上升一点,这样酒会形成对流,清澈的部分和浑浊的部分就开始混合到一起。还有一种喝法是先只喝清澈的部分感受一下带有刺激感的味道,然后再享受浑浊的部分。

** 液面变宽气压会随之扩散开。比如,酒还没怎么冰镇(碳酸冰镇以后气压减少,所以冰镇是第一重要要诀)就不小心打开了,这时可以把酒瓶倾斜着,只要酒不洒出来就可以,酒的液面变宽了气压就会降低很多。当然最好的办法是把它快速倒进跟前的杯子或者其他什么里面,倒1杯左右就可以了。

总之"冰镇"和"不摇晃"是最有效果的两大方法。

了设计师给出的设计方案,感觉完全像香槟酒或者洋酒。

"我们酒厂没想要酿造香槟和洋酒,也没有这样的憧憬,我们是想酿造日本酒……这个设计不行!!你是日本人吧!!"

曾经有过这样的一幕。

总之我们希望设计得能一眼望去就知道是"獭祭"酒。

终于,开瓶注意事项开始得到普及,而实际上效果最明显的是竖向书写的"发泡性"。

不过,最令人头痛的还是酒的价格超出了原来的价格。

酒瓶不用说当然比普通酒瓶价格高,特制瓶塞费、开瓶器、贴纸费和贴纸器,还有由此产生的装瓶生产线变更等等,引起价格上升的原因有很多。比如"獭祭发泡浊酒50"720 ml 由原价 1 418 日元上升到了 1 680 日元,不过这并不是所有酒的价格上升比例。接着我用原价累积上升方式试着算了一下,发现零售价格超过了 2 000 日元,想着应该没这么贵,所以最终没有调到这个价格(后来因为米的原料价格上升,2013 年 10 月开始把价格调到 1 785 日元)。

当然,由于价格变更出现顾客离去的情况最令人害怕。但是为了防止万一出现不幸事故,我在公司里宣布更换酒瓶,我对大家说"即使销售额减少一半也换成这个酒瓶"。

最后的不满意

实际上半透明的白色塑料瓶塞总觉得不上档次。非常意外的是日本市场很注重物品的内在质量,而海外市场有很多地方是通过外包装来判断优劣，所以这么粗糙的瓶塞是很寒酸的……想用软木塞，但又觉得软木塞有味道。葡萄酒瓶上的软木塞偶尔闻上去会感觉有味道，像日本酒这么细腻的酒100%是会有味道的。

我一直想找一个更好点的瓶塞，但是怎么也没能找到。我们暂且先用一下这个瓶塞，请大家再稍微忍一忍。

没能培养出经营者
——对理性不果断的儿子的牵挂

关于我和父亲之间的关系以及我的悔恨，在第4章已经介绍过了。

2005年（平成17年）6月我儿子（现副社长）回到酒厂的时候我的心情变得非常复杂。

跟前面提到的我和父亲的关系相比，我和儿子的关系是非常不错的，一切都很顺利。我从来没跟儿子说过"给我回来"，没想到在"獭祭"打入东京市场步入正轨的时候，他自己本人下定决心说要回来，我听了感到非常高兴。

但是另一方面我又觉得有很大压力。

在儿子回来前的一周，妻子看见我不开心的样子就问我："儿子要回来，你不高兴？"连我自己都很惊讶，因为妻子的话有一半戳中了要害。孩子要回来没有哪个父母会不高兴的，所以是半分感到高兴。但是，又半分觉得害怕。

为什么呢……

我大手笔转换酒厂体制的真正原因是当时酒厂的销售完全陷入一蹶不振的境地。我想幸亏我完全不懂如何经营酒厂,而且在经营方面从来没有人给过我强有力的支持。

担任酒厂的社长是从父亲葬礼的那天晚上开始的。在那之前因为我和父亲的关系不和离开了酒厂,所以周围的人对我都很冷淡。我是父亲和他前妻的儿子,从小没在酒厂长大,也因为这个原因,大家跟我很见外。

甚至其中有些人还饶有兴趣地在看着我们酒厂什么时候会失败。所以一切都没有交接。酒厂的存续未必对所有的人来说都有利。

反过来说,没有人教我怎么做,倒正好使得我周围没有人插嘴干涉酒厂的事从而让我感到为难,也没有人会对我的做法有奇怪的心理反应。

在酒厂经营方面没有人给予我帮助。当酒厂的经营状况发生180度大转弯的时候,公司里没有一个人会善意地提醒我这样做很危险,最好还是不要这样做。

从这个意义上来说**正是由于单枪匹马才让我能够随心所欲**。

酒厂的奋斗方向和酒的酿造体制,还有酿造的酒,酒厂的顾客,现在的旭酒造的所有一切和父亲那个时候是完全不同的。非常幸运的是这些变化得到了社会的认可,我们酒厂才有幸生存下来。

从我自身的经验来看,酒厂要永久生存下去,我认为经常有点新变化是很重要的。

我也对儿子说:"首先接受一切,然后把它全部记下来。""然后再分析找出旭酒造的强项和弱项。""否定旭酒造现存的弱点和缺点,再用自己独特的方式发展酒厂。""如果做法跟前一任相同,绝对是前一任(我)要做的好很多了。"

但这是头脑理智的时候说的话。

现实中如果我的做法和我珍视的东西被儿子否定掉,我还能这么有耐性吗?那个时候我大概会拼命地把他往后拖吧,虽然我现在对他说的这么冠冕堂皇。

相反如果儿子碍于人情不敢否定父母又该怎么办?

那就更可怕了。因为很担心他的善良。公司光靠善良是维持不下去的。也许现在他是为了不打乱"獭祭团队"的和谐顺从着我,但我最担心的是善良会不会辜负他。

我真的能给儿子带好路吗?

我有那样的能力和度量吗?

而且,传说我心眼是很坏的。

我被人说过"那是因为社长心眼坏……"。

是的,在心眼坏和固执这两方面连我自己都很有自信。儿子和我这样的父亲来往也真够受的。啊,我好担心。

无论是人还是企业当身边都是"伙伴""状态好的时候"不会有成长,而当身边被"敌人"包围,充满"危机"的时候才会促进成长。

我觉得自己没能力培养经营者。

所以我希望儿子自己能够有"不输给别人"的决心。基于这样的考虑,他刚回来我就让他去纽约出征我们未开拓的海外市场。有人批评我把他赶出去了,而我自己知道海外市场会让他成长起来,以后他能挖掘多少决定了他自己的成绩高低。

对儿子大概永远不会满意的吧。因为父母总是期待孩子能够更好。

下一任的"獭祭团队"将会如何往前进展呢？我很担心，但也充满了期待。

日本酒业界自己把新顾客拒之门外

——喜欢日本酒的外国人来日后感到失望的理由

再来谈一下日本酒市场的缩小状况，其缩小程度是非常严重的。特别明显的是最近饮食店的销售额中日本酒的市场占有率大幅度减少。

从对酒业界行情很熟悉的人士那里得知，如今日本酒在东京都内的饮食店中的市场占有率不到百分之几。东京都内的饮食店，不光对全国，对海外的人来说也非常具有展馆的效果，所以这是个很大的问题。

从超高级和食店，无论他们有没有米其林之星，到超大众店一律都不把日本酒放在眼里，这是一个非常残酷的现实。

据常驻美国的副社长说："有很多美国人在感受到日本酒魅力之后去了日本，其中很大一部分人觉得，在日本亲眼看到的日本酒并没有自己想象的那么有趣，然后他们又非常失望地回到了美国。"

那个情景大概就是以下故事里带点滑稽的感觉吧。

首先为了喝日本酒特意来日本的外国人大概都不缺钱。所以第一个目的地就是去银座的超级有名的寿司店。

第七章　不发布信息就不会被大家知晓

寿司果然名不虚传。但是跟寿司一起拿来的日本酒的质量却非常不相配。当他问为什么是这样的时候,店里人冷淡地回答说:"我们是寿司店,所以摆在店里的日本酒都是不会影响寿司销售的酒。"

接着第二天他又振作精神奔向京都大名鼎鼎的和食店。听说这家店如果有重要的客人来,老板会亲自给贵客选来跟他点的料理相配的葡萄酒。

老板对自己店里齐全的葡萄酒很有自信,能给客人详细地介绍葡萄酒,但却介绍不了日本酒。环顾四周他发现店里很多日本人吃的是生鱼片喝的却是葡萄酒,所以他想这大概是现如今日本人真实的饮食结构吧。

接着第二天他又回到东京,去了更大众化的普通小酒店。

他看到店里的日本人先点了啤酒和生鱼片,然后又点了烧酒兑苏打水的饮料和烧酒在喝。依然没有顾客喝日本酒。

后来他终于在店里找到了一个特别菜单,于是就点了在纽约经常喝的那个品牌的酒,但是店里人很无情地回答他"卖完了"。

然后他点了其他的日本酒,店员把酒倒进放在器具上的酒杯里,酒倒得太满,从杯子里溢出来撒到了器具里。一起同来的女同伴运气可真"好",她的裙子上被滴到了酒,回到宾馆后不得不送去干洗。

后来问了日本朋友,朋友告诉他"把酒倒洒出来是男人的一种浪漫"。但是他不知道应该倒进杯子里的酒是多少,也不知道那个酒从多少开始不要钱。

109

总之他作为一个外国人在三天的体验中品尝到了诸多苦头,接着他在做了详细调查以后决定去地方酒齐全的"地酒小酒店"。

这次去的小酒店的菜单里的确有很多日本酒,品牌太多都分辨不清楚。而且也没有在纽约很受大家欢迎的日本酒。

他充满期待地品尝了一下。"嗯?好喝!但是,味道很微妙?!"。

周围的顾客开心地喝着酒说着只有他们自己才能听懂的话。"啊,那位杜氏造的酷母(酒母)酿造出来的酒就是这个味道。""带着一股很有意思的酸味。"

他试着去问了他们对他自己喜欢喝的那个品牌的酒的评价,他们非常果断地说:"出了名之后到处销售,酒的质量就一定会下降。"最终他在日本没喝到他自己喜欢的那个日本酒。

如此这般的经历让他感到自己所相信的日本酒在日本当地是非常陈旧且不值一提的,他于是就带着这样的感触回国了。

上面完全是把各行业酒店的情景经过加工扩大化写出来的故事。

但这些都是经历过的事情。

不光是外国人有过这样的经历,那些开始对日本酒产生兴趣的潜在日本顾客也经历过同样的事情。

日本酒在日本的超级酒店竞争不过葡萄酒和香槟酒,倍受冷落。

由于酒厂和酒贩店的"虚幻"战略缩小了供给,所以在一般的大众商店里都没有日本酒。

唯一可以信赖的是只经营当地酒的商店,它如今的现状是太追求专业化,包括经常来的老顾客都很专业,一般的普通顾客无法融入进去。

所以日本酒卖不出去也不是没有理由。

让更多的日本人对日本酒有了解会更难？

——绍兴酒、葡萄酒和日本酒的区别

那是若干年前的 2000 年的时候，为了参加和驻英日本大使馆一起官民共办的酒的演讲和试饮会（the great sake tasting in London），我去了伦敦。

此次活动是计划在听完英国料理研究家夏利·布斯先生的以《日本的米和自然》为题的关于日本风土和料理的演讲，以及尊敬的自称"酒·男"的约翰·宫多纳先生的《酒的魅力和文化》的演讲之后，让大家品味北起北海道南至九州的大约 50 个公司的酒。

在活动举办的前一天他们来拜托我："樱井先生，能不能代表酒厂致辞？"让我这样的人去致辞我感觉超越了我的身份，但是环顾四周我才发现因为我是其中年纪最大的所以才选了我。

"我这个年轻人超越身份代表酒厂来说几句……"想到我可以这样去说，于是我就答应了去参加致辞。

但是那天晚上在喝酒的时候我忽然想到了自己的"使命"。

那就是把"日本酒有什么特点？日本酒是什么东西？"与其说是向外国人还不如说是向日本人（?!）宣传一下。

我想这次是向很多打算与会的外务省外交官们宣传日本酒信息的一个绝好机会。当然也有像门司健次郎这样的外交官，为了在赴任的各个地方大力宣传日本酒的特色特意从日本把"獭祭"酒带来喝。

从 2013 年的状况来看,驻法日本大使馆的葡萄酒和日本酒的购买数量的比率大概是 7 比 1。驻海外的大使馆应该经常有机会向外国人宣传日本酒的特色,所以我决定必须要向外交官们大肆宣传一下日本酒的优点。

因此我决定形式上让大家看起来我是面向前来出席的外国人,而实际上是在向日本人介绍日本酒。我的宣讲计划是通过介绍日本酒和绍兴酒、葡萄酒的不同来突显日本酒的特性。

担任我演讲的同声翻译竟然是出身于美国俄亥俄州有名的日本酒传道士约翰·宫多纳先生。所以不可能会出现因为英语翻译不到位而不能很好地传达真意的情况。

大概也不会因为触怒中国和法国从致辞的讲台上被强行拖下来,所以我做好了遭受冷眼的心理准备才说完了我想说的话。

首先,曲在全亚洲都有使用,日本酒是蔷薇曲,绍兴酒是糯米曲(结成块),但两种酒都是用米和曲酿造成的。虽然两者原料相同,但日本酒的"色""香""味"与绍兴酒有着很大的区别,这是因为日本酒受到喜爱干净又注意细节的日本国民性的很大影响。

接着我列举了同是酿造酒的葡萄酒来介绍两者之间的不同。

在第 4 章中也简单提到过日本酒比葡萄酒的酿造工序更复杂。而且日本酒的每项作业工序都需要细致的管理。经过如此这般的酿造过程,带着华丽而轻快香味的、纤细而被洗练过的、有着复杂韵味的日本酒就酿造好了。

在日本的历史上有过杜氏这样非常优秀的酿酒技能集体。日

第七章　不发布信息就不会被大家知晓

本和英国一样都是岛国，但是日本在过去几千年的历史中没有出现过多民族战乱，所以与其他国家相比这有利于形成能酿造出纤细日本酒的优秀劳动集体。

也就是说日本酒是日本民族的历史和文化的必然产物，所以迫切想介绍给世界上的人们，也希望大家来品尝日本酒。

最后是这样做的总结。

尤其是葡萄酒的重点是选择作为原材料的葡萄的种类和种植地点，而日本酒则把重点放在技术上。为什么会产生这样的差异呢？来海外出差以后才终于明白。

比如，同是岛国，英国像个大熔炉一样多民族共存。法国一带也是多民族聚居地。

欧美在历史上由于多民族之间的互相侵略经常有很多奴隶和殖民地的人们入境，所以在劳动力的保障上不会有问题，但是能不能保障劳动力的均一性大概就是个问号了。

现在酿造葡萄酒，与技术相比更注重原料和场地的选择，大概就是受这个原因的影响吧。

与此相对，日本是个单一民族国家，所以在精细管理方面能够保证劳动力的均一性。我想正是这个原因造就了日本酒"追求技术"的独特特点。相反，一部分相关人士发表争论说"日本酒不像葡萄酒有地域限制，但是太过于追求技术。所以必须回归以前的样子，成为比起结果更重视技能的具有传承性的艺术。"

酿造葡萄酒所需要的自然环境（因地而异的生长环境），对日本酒来说指的就是日本社会。所以，我想大声说：

"不能用评价葡萄酒的标准去衡量日本酒。日本就是日本。

希望大家能感受到真正的日本魅力。"

不想依赖补助金资助，想委托给行政机构
——在海外构筑能够对等竞争的场所

"无论如何都没办法了吗？向中国台湾地区出口日本酒的税率如果能下降到和葡萄酒一样的话，我相信销售数量会是现在的两倍……"

多年以来一直听到在台湾出售"獭祭"酒的 S 桑跟我们这样感叹。

现在中国台湾地区进口日本酒的税率是 40%，葡萄酒是 10%。台湾人觉得很不可思议。

本来台湾进口葡萄酒和日本酒的税率都是 40%。法国马上提出意见，然后台湾进口葡萄酒的税率就降到了 10%。英国也一样提出了意见，结果苏格兰威士忌的税率居然就降到了 0%。而日本什么意见都没有，所以税率就保持在原来的 40%。

同样的事情在法国也听说过。

十几年以前法国从日本进口过日本酒，而负责指导法国酒厂把葡萄酒出口到日本的 O 桑说：

"日本是真心想卖日本酒吗？"

"葡萄酒进口到日本 1 瓶只需要 100 日元以下的关税和酒税。同样容量的日本酒进口到法国必须要交 270 日元以上的关税和酒税。日本认真地做交涉了吗？这应该是由酿酒组织团体来做的事

情吧。"

真的是无言以对。

有一肚子想说的话,但是无论说什么都只是愚蠢地辩解而已,所以话到嘴边又咽了下去。

据说酿酒行业的监督机构国税局不提出意见,外务省就不会有行动。而国税局本来的工作就是征收日本国内的税收,和他国的关税没有关联。同时酿酒组织团体不会主动行动。

最终一切未发生任何变化。大概可能是"外交上不想惹事""以汽车为代表的机器出口很重要,日本酒的出口……"。

现如今先进国家进入了文化竞争的时代,能否在文化竞争中取得主导权是个关系到日本未来发展的问题。

从这个意义上来说,作为日本食文化象征之一的日本酒出口到海外,并得到海外人士接受理解,这对今后日本的发展不是很重要吗?"因为在日本卖不出去所以才到海外去销售"这种令人感到可悲的猜想当然是没有道理可言的。

最近终于在 TPP(环太平洋经济联合协定)的交涉下,日本酒也开始讨论撤销关税的问题。2011 年法国的葡萄酒进口总额达到了 7 740 亿日元,而日本酒的进口总额只有大约 90 亿日元,这个非常令人失望的结果今后会发生变化吗?

在向海外出口日本酒的时候,除了关税,还要加上酒税、运输费、当地批发商的利润,总之价格要比日本高。美国的价格大概是日本的 2 倍,法国是 3 倍,台湾关税和酒税很高,所以是将近 4 倍。所以我们非常欢迎撤销关税。因为葡萄酒本来就已经很便宜,即使要求撤销葡萄酒关税,我想也不会对日本的酒类市场产生较大影响。

请在日本酒进入海外市场的时候给予我们支持，以便使我们能够和葡萄酒在相同环境中竞争。每次一提到振兴出口就会要求给予提供补助金和举行相关活动，我觉得这并不是很重要。

我深信只要我们能够和葡萄酒在平等的环境中竞争，日本酒就一定能在世界酒市场中获得相应的地位。

第八章

既然已经站在击球区那么就尽情地挥动球棒

非常感激受到当地的爱护和帮助

——在东京的山口县同乡为支持我们进入
  东京市场助了一臂之力

现在"獭祭"酒的销售增加额中首都圈所占比率为40％。

起初我们也去福冈和大阪做了宣传。每周都站在百货店的柜台前推销。

"这是山口县旭酒造的酒，买一瓶怎么样？"。

在我们的宣传下东京市场最先有顾客购买我们的酒。

现在回想起来依然觉得我们山口县的酒能在东京那么被人稀罕真是太幸运了。

当时为了让东京的小酒店能使用我们的酒专程上门去拜托过

很多次。

但是他们却说:"新潟和东北也有很多好酒进入东京市场,为什么必须要用你们的酒?"不愿理睬我们。

接着又到百货商店上门拜托:"我们的酒非常好,请一定用一下看看。"

于是,他们回答:"来我们这里推销的酒当然都是好酒了。"听了他们的话我无所适从。

即便如此,不知不觉中我们的酒开始出现了销售迹象。

说起这个原动力,那是来自我们山口县同乡的支援。

山口县的酒当时只有几个品牌进入东京。我们的酒刚开始来东京推销的时候还不叫"獭祭",而是叫"旭富士"。来自山口县的同乡们怀着对家乡的眷恋之情纷纷开始来买我们的酒。

我自己也是乍一看上去并不是很热爱故乡的样子,而实际上在内心深处是很爱我们山口县的。

比如,有人调侃山口县人的特点是,在叫"吉田松阴先生"的时候身体直立着,也不弯腰,名字后面不加"先生",词尾也不加"arimasu"。但是在当地英雄高杉晋作过了享年27岁,迎来28岁生日的时候,大家又说"哇,为什么这个年纪只能这样……",不一样的对待方式让人感到无法形容的悲叹。

当然大家会说,不要跟他们相提并论,好好掂量一下自己的分量!这也许就是山口县人的血统特点。

这个话题偏离了主题,不过可以看出大家给自己出身地的打分都很宽松。

所以喝酒的时候首先第一杯当然是喝故乡产的酒,然后再喝自己喜欢喝的酒,这是享受到了所谓的给"学生优惠"。

久负盛名的新潟出产的酒非常有名,有 100 个品牌,而山口县的酒的品牌却很少。居住在东京的新潟县和山口县的人数大体又差不多,所以来自新潟县的同乡们对酒的喜好很分散,而我们来自山口县的同乡们几乎喜好相同,都成了要好的伙伴。

那个时候正好也因为科幻动漫电影《福音战士新剧场版:序》中的主要人物爱喝酒,酒从而成为大家谈论的话题。这部动画的导演庵野秀明是山口县出身,因为他爱喝"獭祭"酒才有了令我们非常感动的动漫场景。

我们进入东京市场步入正轨,也正是因为有同乡们的友好支持,才不用担心手印证据会在明天脱落消失,他们在我们苦战的初期给予了我们特别大的支持。

我们一直在奋斗前行,顾客也跟随而来

——2015 年之前让生产设备增强到 3 倍多

2013 年(平成 25 年)9 月,"獭祭"的上市量超过了 1 万 1 400 石(1 升瓶 140 万瓶*),销售额 39 亿日元(比前一期增加了 56%),10 余年间增加了大约 10 倍。在不足 15 万石的纯米酿酒市场我们酒厂占了 5%多点,这是前所未闻的数字,我们在这个缝隙市场中挤进了第一名。我自己来告诉大家这个事实有点不知天高地

---

* 译注:此处应为 114 万瓶。

厚吧。

在不断打入海外市场的进程中,第3章中提到的总酒厂改进工程如果完成的话,预计旭酒造的酿造能力2015年将达到5万石(1升瓶500万瓶),是2014年(1万6 000石)的3倍多点。

正是由顾客给予了我们如此大的支持,所以我想我们"獭祭"不能只想着稳定经营并安于现状,我们要有必须去完成的使命。那就是向日本酒新市场和需要重建恢复的市场发出挑战。我们要打入世界市场以及现如今被香槟酒和葡萄酒占领的市场和年轻人的市场。

我自己经常跟大家说的话反而更加铭刻于心。

"'獭祭'现在是代表日本酒站在击球区。即使没击中摔了个屁股蹲丢死人了也要挥动球拍"

所以我想,我们现在所处的立场真的是容不得观望犹豫。

"太得意忘形会摔得很惨的。"有人说风凉话。

但是,我想只要有顾客跟着我们,我们就必须一直往前发展。

我突然不由地想起阪神队的金本知宪选手在隐退前的招待会上说过的话。

"最后的3年与其说是悲惨的,还不如说是非常难看和可怜的,甚至我自己都在想人生有这么苦吗?(10岁开始打棒球之后)体验到了两三成的喜悦和充实,剩下的七八成都觉得过得非常辛苦。这就是我的棒球人生"

清原(和博)也是如此。松井(秀喜)和一郎也是如此。他们不仅耐得住凄凉,而且即使遭到批判也绝不放弃去追求自己的理想。

正因为如此,他们才成为一流棒球运动员的吧。我想以他们

第八章　既然已经站在击球区那么就尽情地挥动球棒

为榜样学习他们的那种精神。

近年来由于大米供应不足"獭祭"脱销，零售店很少会有我们的酒出售，我们都提供给了各种晚会之类的大型活动，于是就有人批判我们。

"重视东京的做法很令人遗憾。"

"酒铺老板在感叹'獭祭'的上市量太少，原来是拿到这些活动上去用了。"

批判的焦点看上去好像不是一部分人所期望的保护或有或无的地方酒具有的珍稀特色，而好像是在批判我们不停地向城市的大市场进军。

作为酒厂我们对顾客提出的不满深感歉意。

但是，即便如此，旭酒造还是不得不把现在的发展方向定为目标，并这样走下去。我是这样想的。

大约 30 年前，作为山口县市场竞争中彻头彻尾的失败者，连当地的酒铺都不把我们放在眼里，但我们还是努力地生存了下来，打入以东京为主的全国市场。那个时候当地也有些人不停地批判我们。

"重视本地市场至关重要，你们这样一定会失败。"

"山口县的酒在东京是不可能畅销的。"

但是 30 年后的今天山口县有好几家酒厂都进入了东京市场。

"喝了山口县的酒会令人精神饱满"这点已经成为定论。除了我们酒厂，还有"东洋美人""贵""雁木""五桥""黑松"，好几个酒厂都引人关注。包括我们酒厂在内，当年如果大家都盯着山口县市场，挤在一起竞争的话，会有今天这么好的发展势头吗？

直到如今,我仍然认为我当时的选择是绝对正确的。批评我们的那些人都是对我们怀有好感,是替我们着想才那么说的。而对那些没有批评我们的人来说,那个时候的旭酒造就跟视而不见的垃圾一样。

酒厂今天的发展规模让我想到要比以往加倍地去珍惜它。

旭酒造依旧还是像那句口号所说的那样,是个"山口县深山里的小酒厂"。

也听到有人夸奖我们"已经不是小酒厂了"。

但是我们的初心不会变。

公司员工不来上班的星期天,我把正在考试期间的女儿和儿子带来一起张贴第二天要上市的酒的标签的时刻;想着酒厂什么时候能成为一年下料10桶纯米吟酒酿的时刻;看到别的酒厂酿造的优质酒,我一边叹着气在想"我们也要酿出这样的好酒"一边感到嫉妒和羡慕的时刻。当时的这些光景我现在依然记忆犹新。

我们的目标永远都是让顾客喝了我们的酒之后能够高兴地说"好喝"。

今后我们也一直想做个"山口县深山里的小酒厂"。

目标不是销售额,是为了实现我们的梦想

——想在巴黎、伦敦、纽约也听到顾客们说:"啊,好喝!"

为了能让大家在享受美食的同时也能喝到我们的"獭祭"酒,

预定 2014 年(平成 26 年)在巴黎开店之后,2016 年在伦敦也开出店来。我相信如果能把最佳状态的"獭祭"展示给顾客,那么在海外一定会吸引很多忠实的粉丝。

我们没有提出 2020 年的销售目标是多少亿日元。我们酒厂的情况很简单,与前一年相比,销售额增长的那一年的比率是 120%,下降的那一年是 80%,只有这两种可能。

想尽快使酒厂能使海外销售额占到总销售额的一半。估计到儿子继承酒厂的那个时候日本的饮酒人口大概会减少到 6 000 万人左右,如果到那个时候不能在海外获取总销售额的 90% 左右,那么酒厂就很难存活下去。我深信我们感觉味道不错的酒一定也能受到海外人士的欢迎。

我相信一定能做到让海外的顾客也情不自禁地对我们说"啊,好喝!"。

所以,虽然酒厂度过了破产危机,酒有点畅销起来了,但我们没有空闲去只顾着高兴。

我们现在每天都是在背水一战。

结构不行的话,就自己去改变

——展望 10 年后的酒厂增加生产山田锦的农户

旭酒造的生产能力到 2014 年(平成 26 年)将提高到 1 万 6 000 石。为了使"獭祭"酒能达到这个生产量,需要大约 8 万俵的山田锦。全日本的山田锦的生产量是 31 万~32 万俵,所以如果我们不能采购到全国四分之一以上的山田锦,那么我们就无法生产出 1 万 6 000 石的"獭祭"酒。

2013 年(平成 25 年)9 月我们订购了 4 万 3 000 俵山田锦,但是到手的只有 4 万俵,到我写这篇文章为止"獭祭"酒的生产量还不充足。在东京都中心地区的大型百货商场甚至采取了限制措施"'獭祭'酒每人限买 1 瓶"。现如今山田锦依然没能达到我们所需要的订购量,所以我们无法确保生产出充足的"獭祭"酒,因此不能满足所有顾客的需求。

我们计划在 2015 年把"獭祭"酒的生产能力提高到 5 万石,能否达到这个生产能力让人很担心,因为还不知道能否确保可以稳定订购到原料山田锦。

为什么米的增产会这么困难?对于这个问题,农林水产省、全农和农户们的说法各不相同,所以大概很多人都没弄明白到底是怎么回事吧。

一般来说,在大家的印象中会觉得"米有富余",但是实际上至少用来造酒的米是不充足的。与做饭用的米不一样,用于造酒的山田锦价格昂贵,再加上又有多余的适于种植的田地,所以有很多农户非常想增加山田锦的生产量。

农林水产省一直采取一律减少供给的调整生产政策(减少耕种面积政策),从而给大家留下了"米有富余"的印象。

二战之后,农林水产省为保护大米想尽了办法,他们自始至终采取的管制政策最终使农户们丧失了干劲和种植能力。所以在这样的大环境之下,我们必须要好好考虑一下我们自己该怎么办。

第八章 既然已经站在击球区那么就尽情地挥动球棒

濒临危机让我们变得焦躁不安。

迄今为止我们的销售方式都是先把酒摆到架子上让顾客品尝,他们喝了之后觉得好喝下次再来购买。也就是说在买酒的时候说"因为是'虚幻之酒',不知道酒的味道如何""这酒很难弄到手,那就买吧",这都是很容易改变主意的顾客,这些不是我们想培养的顾客。但是不知道什么时候,我们的酒从柜台上消失了,变成了虚幻之酒。

不管我们愿意还是不愿意,酒厂的销售体制都在发生着变化,所以我们必须谨慎对待回归从前。

那么,我们具体该怎么去处理这个问题呢?山田锦鼎峰时期的产量达到40万俵,比现在多出10万多俵,所以我们希望至少能达到40万俵的数量。

我在很多地方直截了当地提到过山田锦供应不足的问题,因此当然就遭到了农林水产省和同行们的怒视,那些同行们甚至认为是旭酒造买了很多米才导致他们买不到米。不过最后在这样的情形下,有好几家农户提出要种植山田锦。

种植山田锦的农户还不多,如果这些农户种植山田锦以后能买上豪华轿车,生活条件提高的话,其他的农户也会纷纷地加入种植队伍。产量达到36万~37万俵就非常令人振奋,非常期待产量在超过这个数量之后能一下子增长起来。

2013年10月25日出现了一个令人感到非常乐观的迹象,农林水产大臣林芳正终于发表声明说要重新审视减少耕作面积的政策。在TPP(环太平洋经济合作协定)会谈达成的协议中指出为防备大量进口低价格的海外农产品,提高农业生产迫在眉睫。

虽然不可能马上就能增加产量，但这的确是个令人高兴的好消息。

到目前为止，政府从来没有保护过日本酒，更不用说保护我们这样的小酒厂了。这真是太好了。正是因为这样才有了今天的我们。

仅仅通过政府发放补助金的形式是很难获得成功的。最近令人高兴的是为了振兴国酒，政府开始把目光转向了日本酒，但这很容易演变成政府乱发补助金的政策。虽然这种做法在短时间内会受到顾客的欢迎，但这不是振兴日本酒的长久之计。

最终，振兴日本酒只有靠我们每个酒厂的自主行动了。

在逆境中劈荆斩棘，对我们酒厂来说是非常轻车熟路的竞争形式。

结　语

酿酒如同人生。

起初的酒醅发酵阶段属于在父母宠爱呵护下健康成长的婴幼儿期。其后的发酵需要一个比酿造其他酒更加严格的环境,在这样的环境下会产生酵母的异常代谢,所以虽然原料用的是米和水却会散发出水果一样的酿香味,这样的进展令人意外且带有戏剧性。这就如同在上班、恋爱和结婚中既经历了痛苦又伴随着欢乐的青年时代。

在人的一生中,无论是参加学校考试还是体育比赛,结果当然是有成功也有失败,我们因此或喜或忧,不过这些都必须遵循既定规则,所以做起来还是比较轻松的。一旦踏入社会那就很残酷了。

和学校考试不一样的是,酿酒过程中失败一次是完全没必要消沉的。也许说的更准确点,那是因为没时间消沉。如果我们在100次的酿酒中失败了45次,那么在其后的酿酒中把成功的次数提高到60次、70次就可以了。而且,生意上的胜败与自己能否想出绝妙的获胜办法有着很大的关联。当然不管怎么样都不能触犯法律和伦理道德,在此基础上可以自由地制定战略计划。

我向来胆小,而且禁受不住重压。在踏入竞争激烈的社会之后,特别是继承了酒厂之后就不能再随意发牢骚抱怨了,我在这样的锻炼中提升了自己的精神境界。说得更准确点,那不是在锻炼自己,而是在"扮演社长"的角色。由于对此深信不疑,我才有胆量去做自己担心可能做不了的大事。我跟自己和员工解释说,有时对他们讲一些太过于苛刻的话并不是我的本性。当然,我酿酒酿得并不潇洒,每次都是在挫折中跌跌撞撞前进,但我坚定地认为虽然酿酒进展不顺利,只要最后能把任务圆满完成就心满意足了。

商品的品牌都是由热血沸腾的性格刚烈的人创建的。我深信这是我当前面临的重任,我需要尽全力把"獭祭"品牌推向全世界。

不是为了醉酒,也不是为了卖酒,而是为了品酒。

旭酒造株式会社　董事长社长

樱井博志

2013 年 12 月

资料

日本酒酿造过程

旭酒造尽可能地让酿酒过程实现数值化,在质量已经完全稳定的酿造工序中也使用机器。

当然我们并不能透彻分析所有的东西,我们只是想方设法把杜氏和员工所掌握的酿酒技术"形象化",稳定酒的质量,提高酒的再现性能。

下面介绍一下酒厂酿造日本酒的过程。

1. 洗米

由于在最长可达 80 小时的精米过程中产生了很大的摩擦热量,所以精米结束后被搬入酒窖的米水分极度流失。这时如果马上又回潮的话,米上会出现龟裂(裂口),这是造成米裂开的原因,所以需要把米装进尼龙袋里,让它迅速降温之后再洗米。把洗好的米的水分精确地调整到 0.2% 以下之后再用专门酿造大吟酿的技巧去手洗。

一次洗 15 kg,一天最多可以洗 5 吨,这种用手洗米的方法既费人力也费时间。用机器洗的话只需要三分之一的人手就解决了,但是用机器的话就无法严格地去控制米的吸水率,所以虽然旭酒造有最新型的洗米机,我们至今也依然是在用手洗。

2. 蒸米

因为需要外侧硬内测软的"外硬内软"的蒸米,所以传统的搅拌饭锅的技巧很重要。把米铺在锅里,把蒸好的米挖出来,这种需要体力的工作无论如何也不能忽视,这是为做出好的蒸米不可缺少的一道工序。

3. 造曲

曲不断给酵母提供葡萄糖,使其有着最适当的发酵速度,所以曲在酒的酿造过程中承担着最重要的工作。古话说"一曲、二元(酒母,促使大量产生酵母的物质)、三造(酒醪)",所以自古以来造曲在酿酒中就被认为是一项最重要的工作。

为了造出最好的曲,必须要有经验丰富的人根据所有米的情况做相应不同的操作,有时候手要用力温柔,有时候手的动作又必须很迅速。机器还不能完全把握好人类通过五官和经验获得的信息,所以"獭祭"造曲一律不用机器,都是手工操作。曲是生物,所以在两昼夜半的造曲期间需要不分昼夜连续作业。为此,旭酒造在那段时间里员工们必须轮流值班。当您来酒厂看到眼睛发红的员工,那也许就是负责熬夜作业的。

4. 下料

如果把精洗米和曲比喻成小提琴和钢琴,下料负责人就需要具备指挥管弦乐队的能力。也就是说酿酒到这个阶段终于进入了顶峰期。

旭酒造所有的酒醪和鉴评会上展出的酒一样都是经过长期低温发酵形成的。(下料分成好几个阶段,这是最后阶段)下料的温度是4.5度,从酵母能够生存的最大界限的温度开始。发酵期间酒醪的温度控制需要精确到0.1度。

电脑和接在电脑上的温度控制器看起来好像是可以控制温度的,而实际上机器是做不了如此精细的工作的。因此,旭酒造的发酵室常年设定在5摄氏度,这个温度是通过自然发酵散发出来的热量和酒醪中用桨作业的强弱平衡来控制。虽然这种方法非常原始而且成本很高,但是精确的温度管理是酿造好酒不可缺少的一个环节。

5. 上槽

上槽是酿酒中非常重要的一道工序,甚至有人说"酒的好坏由最初的洗米和最后的上槽决定"。

旭酒造第一次引进了商用设备远心分离机,一般来说酒厂都是用自动压榨过滤机、槽之类的机器在酒的外侧施加压力压榨酒,远心分离机是在1分钟内让酒转3 000次使得酒粕和酒分离开。使用自动压榨过滤机榨出来的酒会沾上机器的袋子上的香味和橡胶的味道,远心分离机没有这些味道,而且远心分离机是在没有施加压力的情况下把酒从酒醪中分离出来,这样一来,酒的结构很难被破坏,纯米大吟酿本来具有的香味和丰满的口感可以完全展现出来。只是远心分离机一次榨出酒的量不多(是一般榨酒方式的十分之一左右),所以现在非常遗憾的是还不能全部使用远心分离机来榨酒。

6. 装瓶

非常意外的是尽心尽力酿造出来的好酒在最后的装瓶程序中被毁于一旦的情况有很多。旭酒造酿酒是把所有的酒都和展示在鉴评会上的酒一样对待,在压榨好以后的 1 周之内就装瓶,也不过滤碳。也就是把冷却的酒装瓶之后再用加热装置机把温度加热到 65 度,瓶塞盖上之后再用冷气装置机迅速把温度降到 20 度。这种装瓶方式是在酒冷却的时候把酒装进瓶子里,有效防止了香气外漏。

接近人体体温 36 度左右的温度是会让酒变质的温度,用急冷方式迅速降温能有效防止酒变质。用这种方式装瓶的"獭祭"是把在火的炙烤下失去 z 平衡的酒又在低温条件下得到了恢复,然后把它放到能冷藏 1 升瓶装的 5 万瓶的大冰箱之后再上市卖给顾客。

獭祭的拳头产品

1. 獭祭-精碾-二割三分

把最适合酿酒的好米山田锦精白到 23%(磨去 77%),是日本引以为豪的精米步合最好的酒。非常值得推荐给没怎么喝过日本酒的顾客。

2. 獭祭-精碾-三割九分

精米步合 39%,口味和香味搭配均衡合理,很多顾客都说这款酒是獭祭产品中最喜欢的一款。

3. 獭祭-纯米大吟酿- 45

纯米大吟酿把"三割九分"和"50"作为品牌产品。

4. 獭祭-纯米大吟酿-50

这款酒属于旭酒造酿造的酒中最标准型的酒,适合用来品味獭祭的清爽甘甜特色。在酒的价格和质量上很有自信。

5. 獭祭-发泡浊酒-发泡型

浊酒的乐趣在于刚做好时的美味。因为是带有清爽香味的微妙的发泡性浊酒,所以有着山田锦特有的甜味,余味清爽。有"50"和"三割九分"两种。浊酒装进瓶内仍然还在发酵,所以为了避免喷出,并能享受美味,请在饮用前冰镇一下。

6. 獭祭-纯米大吟酿-寒造早槽-48

是在冬季榨出来就上市的酒,只限定在冬季(11月～次年3月)销售。

7. 獭祭-温酒-50

与一般獭祭酒的酿造方法有所不同,是主要品味酒的圆润丰满的温酒,是可以温热喝的纯米大吟酿。最适合饮用的温度是40～45度。

8. 獭祭-精碾-二割三分-发泡浊酒

圣诞节限定销售的"獭祭-精磨-二割三分"浊酒。口味清爽有发泡性,第一次饮用会觉得有很大的冲击力。